AF469858

DE LA LÉGISLATION CRIMINELLE DE L'ARMÉE FRANÇAISE,

Considérée dans tous ses rapports.

PLAN GÉNERAL D'UN CODE MILITAIRE-PÉNAL,

PRÉSENTÉ AU ROI,

PAR M. J. B. GOUPY,

Ancien Gendarme du Roi, Capitaine de cavalerie, Commissaire des guerres ci-devant chargé de l'exercice du département militaire de la Lorraine allemande.

« Sous un PRINCE bienfaisant, ce n'est point un crime de dénoncer les » calamités publiques ; son autorité n'a besoin, pour acquérir plus de force, » que de ne pas se corrompre dans ses émanations : ses Loix peuvent » quelquefois ne pas faire tout le bien qu'on auroit droit d'en attendre ; » mais elles n'ont jamais le mal pour objet. Comme ses desirs doivent porter » tout entier sur la félicité publique, c'est un des devoirs les plus sacrés du » citoyen de lui dévoiler les abus qui en ébranlent les fondemens. »

A PARIS,

DE L'IMPRIMERIE DE PRAULT S. MARTIN,

IMPRIMEUR DE L'ASSEMBLÉE ÉLECTORALE, AU PALAIS.

M. DCC. XCII.

AU ROI.

SIRE,

Trop heureux de partager avec tous mes concitoyens les bontés paternelles de Votre

MAJESTÉ, *daignez permettre au plus respectueux de vos sujets de déposer, avec sécurité, au pied de* VOTRE TRÔNE *le plan général qu'il a conçu d'un code militaire-pénal, d'après les principes justes et bienfaisans dont l'ame de* VOTRE MAJESTÉ *a toujours été paternellement pénétrée pour le bonheur de tous les sujets de son empire.*

Si, dans cet ouvrage écrit sous la dictée de l'honneur, *je suis parvenu à peindre avec fidélité les principes parternels de* VOTRE

MAJESTÉ, *pour les généreux défenseurs de son empire, et qu'elle les y reconnoisse dans les développemens de cet ouvrage, je serois bien récompensé et trop honoré de la pureté de mes veilles patriotiques.*

Privé depuis 1788, *de servir activement* VOTRE MAJESTÉ, *j'ai embrassé, suivant mon ame, mes principes et mes devoirs, depuis cette époque infortunée pour moi,* (dans la solitude) *l'emploi honorable de peintre politique de la vertu et de l'honneur. Quel mo-*

dèle plus auguste, plus fidèle, plus parfait pouvois-je mieux choisir que la personne sacrée de MON ROI, *père et législateur universel de ma patrie!*

Je suis avec le plus profond respect,

SIRE,

DE *VOTRE MAJESTÉ*,

Le plus humble et le plus obéissant de vos serviteurs et sujets.

M. J. B. GOUPY.

AVERTISSEMENT.

Présenter le plan général d'un code militaire-pénal, sans le faire précéder de l'ensemble général des loix fondamentales politiques, concernant la constitution de l'armée, son organisation, sa police, sa discipline, et son administration particulière et générale, desquelles dérivent les droits, les devoirs des différens individus qui la composent, paroîtra peut-être au premier aperçu, une entreprise, sinon hasardée, du moins spéculative, conséquemment peu faite pour mériter une grande confiance, le code pénal de l'armée devant être la sanction de ses loix fondamentales constitutives.

Pour prévenir ce pressentiment, en apparence bien fondé de la part de mes lecteurs ; je les prie, avant que de me juger, de lire avec attention les principes politiques qui servent de base au plan général de ce code militaire-pénal que j'ai conçu ; j'ose croire que ces mêmes principes, puisés dans la nature de la monarchie française, les convaincront que si je n'ai point préliminairement développé dans ce mémoire les loix fondamentales constitutives de l'armée, ses droits et ses devoirs particuliers et généraux, ce silence de ma part n'a été motivé que pour ne pas distraire leur attention par un travail immense.

J'ai étudié, approfondi et analysé la législation militaire dans toutes ses parties ; ce qui m'a mis à même de connoître les droits et les devoirs des différens membres de l'armée, par suite de concevoir le plan général de ce code militaire-pénal, que j'ai annoncé dans QUATRE précédens ouvrages relatifs à la législation et à l'administration militaire, que j'ai publiés en janvier, mars, août 1790, et novembre 1791.

« Le premier intitulé : VUES GÉNÉRALES d'un plan politique concernant une nouvelle constitution de l'armée française ; et un projet de finance y relatif, pour l'anéantissement futur de toutes les pensions militaires, présentées et soumises au jugement DU ROI, et des ÉTATS GÉNÉRAUX. »

« Le second intitulé : PRINCIPES FONDAMENTAUX de législation militaire, concernant la constitution de l'armée française, sa composition, son organisation, l'administration particulière et intérieure de ses différens corps, sa discipline, sa police, son administration générale et sa comptabilité ; précédés d'une analyse politique de l'établissement du conseil de la guerre, et de toutes ses opérations faites ou projetées pour l'armée ; envoyés à M. *le comte de Guibert*, ci-devant conseiller et rapporteur du conseil de la guerre, en réponse à son mémoire adressé au public et à l'armée (*dont il m'avoit adressé un exemplaire*) sur les opérations du conseil de la guerre. »

« Le troisième intitulé : PROSPECTUS d'un code des loix militaires-pénales, présenté au ROI, et à L'ASSEMBLÉE NATIONALE. »

Le quatrième intitulé : PROJET de décret pour l'organisation des commissaires des guerres, présenté à L'ASSEMBLÉE NATIONALE. Ce dernier ouvrage contient en outre un plan relatif à l'organisation générale administrative de l'armée;

de plus, une réfutation pratique des assertions déshonorantes avancées inconsidérément contre le corps des commissaires des guerres, par M. *le baron de Bohan*, auteur de l'examen critique du militaire français. »

PRINCIPES.

BUT GÉNÉRAL

DES LOIX CRIMINELLES.

Les loix criminelles ont pour objet la *tranquillité* des citoyens. Il est inutile de prescrire aux hommes tout ce qu'ils doivent faire, et de leur défendre tout ce qu'ils ne doivent pas faire ; il faut que l'intérêt personnel devienne la sanction de la loi. L'intérêt de chaque homme est d'aspirer au bien, et de s'éloigner du mal. L'espérance et la crainte sont donc les fondemens inébranlables des loix. La législation criminelle ne doit employer que cette dernière affection de l'ame : les peines qu'elles prononcent effraient celui qui seroit tenté de désobéir aux loix, et protègent ainsi la *tranquillité* des autres citoyens. Or cette *tranquillité* est ce qu'on appelle *liberté civile*, seule liberté qui puisse se concilier avec l'état social (*).

Mais ce ne sont pas seulement les peines établies contre les délits, qui rendent la législation criminelle propre à inspirer cette liberté précieuse. Si les loix ne protègent pas l'innocence contre la calomnie ; si, dans le même temps qu'elles ôtent tout espoir d'impunité à celui qui est véritablement coupable, elles ne garantissent

---

(*) Tout fut dans un plus grand désordre encore après deux loix de Constantin, que Montesquieu n'a pas osé mettre parmi les causes de la décadence de l'empire : la première, dictée par l'imprudence et le fanatisme, quoiqu'elle parût l'être par l'humanité, peut servir à nous faire voir qu'une grande innovation est souvent un grand danger ; et que les droits primitifs de l'espèce humaine ne peuvent pas toujours être les fondemens de l'administration. Cette loi déclaroit libres tous les esclaves qui se feroient chrétiens. Elle rétablissoit dans leurs droits des hommes qui n'avoient eu jusqu'alors qu'une existence forcée ; mais elle ébranla l'état en ôtant aux grands propriétaires les bras qui faisoient valoir leurs domaines, et qui par-là se trouvèrent réduits pour quelque temps à la plus cruelle indigence. Les nouveaux prosélytes eux-mêmes ne pouvoient réparer, en faveur de l'état, les torts que le gouvernement avoit faits à leurs maîtres. Ils n'avoient ni propriété, ni subsistance assurée. Comment auroient-ils pu être dévoués à l'état qui ne les nourrissoit pas, et à une religion qu'ils n'avoient embrassée que par ce penchant irrésistible, qui entraîne vers la liberté? Un autre édit défendit le paganisme dans toute l'étendue de l'empire ; et ces vastes contrées se trouvèrent couvertes d'hommes qui n'étoient plus liés entre eux, ni à l'état, par les nœuds sacrés de la religion et du serment. Sans prêtres, sans temples, sans morale publique, quel zèle pouvoient-ils avoir pour repousser des ennemis qui venoient attaquer une domination à laquelle ils ne tenoient plus? (*G. T. RAYNAL. Tome Ier. Page 8. Édition de Genève, in-8°.*)

pas l'innocent des attaques d'un calomniateur déterminé, alors elles deviendront une arme également redoutable et pour le citoyen pervers qui desire de violer les droits d'autrui, et pour l'honnête homme qui les respecte.

La législation criminelle doit donc inspirer de l'effroi au méchant, et de la sécurité à l'innocence.

Les deux objets généraux de la législation criminelle sont de trouver d'abord une forme de procédure très-simple, et ensuite d'examiner quelles peines on doit établir contre les différentes espèces de crimes, en proportionnant ces peines à la *qualité* et à la *gravité* des délits, c'est-à dire, à toutes ces circonstances qui les rendent plus ou moins dangereux.

PRINCIPE DES SOCIÉTÉS.

Ce principe est le besoin de la *conservation* et de la *tranquillité*.

L'auteur de la nature ayant destiné l'homme à vivre avec ses semblables, a varié presqu'à l'infini ses desirs et ses goûts, pour empêcher que la faculté de sentir de chaque individu, s'exerçant toute entière sur le même objet, il n'en résultât une foule de maux propres à bouleverser la société. *Trahit sua quemque voluptas.*

PERFECTION DES SOCIÉTÉS.

SOURCE
DE LA FORCE PUBLIQUE.

L'égalité morale ne pouvant lutter contre l'inégalité physique, devoit être entraînée par elle;

et comme les attentats de la force étoient plus puissans que les droits de la foiblesse, l'homme foible, exposé aux caprices du sort, voyoit sa subsistance, triste fruit de ses peines, devenir la proie de son tyran; son honneur et sa vie n'étoient que des biens précaires, dont il pouvoit être dépouillé toutes les fois qu'une ame perverse animoit un corps plus vigoureux que le sien. La défiance, l'incertitude, la crainte, troubloient à chaque instant la paix dans la société primitive. Il ne se présenta qu'un moyen pour remédier à tant de maux. On ne pouvoit détruire l'inégalité physique, sans recourir à l'égalité morale : il falloit, de toutes les forces particulières, composer une force publique qui fût supérieure à chacune d'elles. Il falloit donner l'être à une PERSONNE MORALE, dont la volonté représentât toutes les volontés, dont la force fût l'assemblage de toutes les forces, et qui, dirigée par la raison publique, interprétât la loi naturelle, en développât les principes, fixât les droits, réglât les devoirs, prescrivît les obligations de chaque individu envers la société et envers les membres qui la composent; établît au milieu des citoyens une mesure qui fût tout à la fois et la règle de leurs actions, et la base de leur sûreté; qui sût créer et conserver, pour le maintien de l'ordre, l'équilibre entre les besoins et les moyens de les remplir; qui eût enfin le pouvoir de placer, d'une manière immuable, dans la main des hommes, l'instrument de leur conservation et de leur tranquillité, seul objet pour lequel ils avoient fait le sacrifice de l'indépendance primitive.

Voilà l'origine et le motif de la société civile, l'origine et le motif des loix, et par conséquent l'objet unique et universel de la législation.

DESTINATION

DE LA FORCE PUBLIQUE.

La force publique d'une nation a pour objet de pourvoir à sa sûreté commune, d'une part contre les troubles et les désordres du dedans, et de l'autre contre les ennemis du dehors.

DROITS POLITIQUES

DE LA FORCE PUBLIQUE;

CONSACRÉS

Par la nature de la monarchie française,

PRESCRITS PAR L'HONNEUR.

1°. Une prééminence honorifique sur toutes les classes politiques de la monarchie, des prérogatives, des distinctions, des décorations honorifiques et exclusives, dues à sa magnanimité et à son dévouement patriotique, pour l'utilité commune : tel est le principe pur de son organisation morale que le Roi, dirigé par la raison publique, doit, par son autorité tutélaire, établir, entretenir graduellement, et perpétuer parmi tous les individus composant la force publique (*).

(*) Aussitôt qu'une société commence à prendre une forme, elle se trouve naturellement divisée en plusieurs

2°. Une constitution conforme à sa nature et à sa destination ; une organisation hiérarchique, émulative ; une police, une discipline, dictées par les loix de l'honneur (*), pour en consacrer et en fixer la nécessité et l'utilité.

3°. Des appointemens graduels et suffisans, mais néanmoins profondément combinés et pesés avec les intérêts généraux de la nation (**), pour le prix de ses sacrifices multipliés, et pour l'indemniser de ses privations méritantes.

4°. Des encouragemens distribués avec justice à ceux de ses membres qui les mériteront pendant la durée de leurs services.

5°. Des récompenses accordées avec une juste impartialité, proportionnément à ceux de ses membres qui les auront acquises, soit par leurs blessures, soit par l'ancienneté de leurs services, légitimement constatés.

---

classes, suivant la variété et l'étendue de ses arts et de ses besoins. (*G. T. RAYNAL. Tome Ier. page 75.*)

(*) Quels pères, quels enfans, quels amis, quels citoyens ne fait-on pas de nous, par la seule dispensation de L'HONNEUR et de la HONTE? (*G. T. RAYNAL. Tome Ier. pag. 76.*)

(**) Aucune nation, quel que fût son régime, n'a jamais douté que tous les biens qui existent dans un état, ne dussent contribuer aux dépenses du gouvernement. La raison de ce grand principe est à la portée de tous les esprits. Les fortunes particulières tiennent essentiellement à la fortune publique ; l'une ne sauroit être ébranlée sans que les autres en souffrent. Ainsi, quand les sujets d'un empire les servent de leur bourse ou de leur personne, ce sont leurs propres intérêts qu'ils défendent. La prospérité de la patrie est la prospérité de chaque citoyen.

Tel est l'esprit patriotique sans lequel les états sont des peuplades et non pas des nations. (*G. T. RAYNAL.*)

6°. Des

6°. Des tribunaux particuliers pris et formés dans son sein, organisés et dirigés par les loix de l'honneur, conformément à l'importance, à la sévérité et à la promptitude de sa discipline.

DEVOIRS POLITIQUES

DE LA FORCE PUBLIQUE.

1°. De faire généreusement de la part de chacun de ses membres, conformément à sa nature, le sacrifice de leurs facultés morales et physiques pour l'utilité commune.

2°. D'obéir passivement au Monarque, chef suprême de la nation et de sa force publique.

3°. D'observer en tous points sa discipline, dictée conformément à sa nature par le Monarque, ainsi que les loix relatives à sa police, à son instruction et à son administration particulière et générale.

CONSTITUTION

DE LA FORCE PUBLIQUE

De la monarchie française.

L'art, dirigé par une sage et profonde politique dictée par l'utilité commune, doit, parmi les grandes nations civilisées, telle que la France, constituer leur force publique sur des bases différentes que celles établies par la nature parmi les sociétés naissantes. Dans ces dernières, la collection de toutes les forces individuelles y compose la force publique, et une petite partie de cette force veille tour-à-tour à la sûreté, à la protection du reste, qui est pendant ce temps-là tranquille et désarmé.

Voilà ce qui se fait dans les sociétés naissantes ; voilà ce qu'étoient d'anciens peuples circonscrits dans les murs d'une ville, ou dans l'enceinte d'un petit territoire ; voilà ce que fut Rome à son berceau.

Des données toutes différentes, soit dans les proportions, soit dans les intérêts, rendent la constitution de la force publique de la France, bien autrement compliquée et difficile à établir.

Un rang, des droits à maintenir parmi de grandes puissances étrangères fortement armées, des frontières et des côtes d'un immense développement, des colonies lointaines à conserver, des rapports politiques à entretenir ; voilà ce qui doit entrer dans la combinaison de sa force publique pour le dehors.

Toutes les parties d'un grand pays et d'une vaste administration à contenir dans l'ordre et dans l'harmonie nécessaire, toutes les loix à faire respecter, toutes les propriétés à garantir, toutes les libertés individuelles à protéger ; voilà les considérations qui doivent influer en même temps sur la combinaison de sa force publique pour le dedans.

Avec des objets aussi multipliés, aussi variés, cette force publique ne peut donc pas être composée d'élémens tous semblables. Il faut un genre de force pour le dehors, et un autre genre de force pour le dedans.

Pour la force du dehors, il faut contre les ennemis étrangers une armée régulière, permanente, et qui puisse au besoin être portée hors des frontières. Hors des frontières n'est pas même assez ; car aujourd'hui les hostilités entre les grands peuples, au moyen des rapports de commerce et des colonies, peuvent avoir pour théâtre les quatre parties du monde.

Pour se dévouer à un tel service et à toutes les chances qu'il peut offrir, il faut des hommes jeunes et robustes, qui puissent, qui doivent perdre de vue leurs foyers ; il faut des hommes qui n'ayent ni d'autres fonctions, ni une autre dette momentanée et urgente à remplir envers la société, (*des célibataires.*) Il faut des hommes qui se lient patriotiquement par un contrat politique dicté par la raison publique pour l'utilité commune, pour quelques années au moins, au service qu'ils embrassent, et pour lequel ils sont constitutionnellement destinés suivant les loix politiques de la monarchie française.

Pour que cette armée ait toutes les qualités qui peuvent assurer ses succès et compenser ce qu'elle coûte, il faut qu'elle soit disciplinée au plus haut point, instruite et manœuvrière ; car les armées étrangères possèdent ces avantages, et il faut les balancer. Une bonne armée est avantageuse sous un autre rapport, c'est que plus elle l'est, moins elle a besoin d'être nombreuse, et moins par conséquent elle est à charge à la nation.

Pour que l'instruction et la discipline soient en vigueur dans l'armée, il faut que l'armée en fasse son occupation, son habitude et sa gloire.

Mais les principes qui servent de base à la discipline, et les préjugés qui composent l'esprit militaire, sont nécessairement et par leur nature en opposition avec tous les principes de l'esprit citoyen. Les soldats sous leurs drapeaux, doivent avoir la soif de la guerre, et les citoyens, l'amour de la paix. L'égalité morale, principe de la liberté civile, forme les droits du citoyen ; la subordination et l'obéissance passive sont les devoirs des soldats : les soldats ne peuvent avoir ni les mêmes tribunaux, ni les mêmes peines, ni les mêmes objets d'émulation que les citoyens; les soldats doivent avoir un esprit de corps et de profession : les citoyens ne doivent avoir qu'un esprit public et national.

Le Roi, législateur de la monarchie, ayant déterminé le pied permanent de la force publique, l'ayant organisée, ayant fixé la somme annuelle affectée à son entretien, à son administration générale, ayant prescrit les règles de son recrutement, de ses augmentations en temps de guerre; ayant ordonné le mode de nomination aux premiers emplois d'officiers, ainsi que les règles d'avancement; le Roi, pour l'utilité commune de son royaume, ainsi que pour l'intérêt général de l'armée, et pour l'intérêt particulier de chacun des individus qui en fait partie, doit maintenir toutes les loix relatives à la discipline de la force publique, d'où dérivent les différens devoirs de chacun de ses membres, par des loix pénales qui, après avoir développé la nature des infractions qu'ils peuvent y porter, détermineront la nature des peines qui leur seront infligées suivant la *qualité* et la *gravité* desdites infractions.

DE L'OBJET DES PEINES.

Ni la vengeance, ni l'expiation du crime ne sont les objets des peines. La vengeance est une passion, et les loix en sont exemptes. La justice ne ressemble pas à ces divinités auxquelles des hommes cruels immolent des victimes humaines pour appaiser leur fureur. Les loix, lorsqu'elles punissent, ont devant les yeux, non le coupable, mais la société; elles sont excitées par l'intérêt public, et non par une haine personnelle; elles cherchent un exemple pour l'avenir, et non une vengeance pour le passé :

« *Nemo prudens punit, quia peccatum est,* » *sed ne peccetur.* »

(Platon.)

Les loix ne peuvent donc avoir d'autre objet dans la punition des crimes, que d'empêcher le coupable de commettre de nouveaux attentats contre la société, et d'éloigner les autres hommes de son exemple, par le spectacle de son châtiment.

« *In vindicandis injuriis, hæc tria lex secuta* » *est, quæ Princeps quoque sequi debet, ut eum* » *quem punit, emendet; aut ut pœna ejus cæ-* » *teros meliores reddat; aut ut, sublatis malis,* » *securiores cæteri vivant.* »

(Sénéque.)

Le législateur ne doit se permettre que le degré de sévérité nécessaire pour réprimer l'affection vicieuse qui produit les crimes. Les principes qui doivent diriger le législateur, dit Platon, sont ceux d'un père et d'une mère, et non ceux d'un maître et d'un tyran.

« *Sic igitur leges civitatibus conscribantur,* » *ut patris matrisque personam lator legum* » *penitùs gerat; scriptaque caritatis prudentiæ-* » *que virtutem habeant potiùs, quàm domini* » *tyrannique imperium minitantis tantùm et* » *describentis, rationem verò nullam penitùs* » *assignantis.* »

(Plat. *de Legibus*, Dialog. 9.)

PREMIÈRE PARTIE.

DE LA DÉSERTION.

Des fautes, des délits et des crimes commis par les soldats déserteurs.

OBSERVATIONS PRÉLIMINAIRES.

S'IL est important pour l'intérêt général de la société de punir les fautes, les délits et les crimes, il vaut sans doute mieux les prévenir.

Tel doit être, et tel est en effet le but de tout sage législateur, puisqu'une bonne législation n'est que l'art d'amener les hommes à la plus grande félicité ou au moindre malheur possible, d'après le calcul des biens et des maux de cette vie.

Pour parvenir à ce but consolant de prévenir les fautes, délits et crimes concernant la désertion, de la part d'aucun des individus composant la force publique, il faut rendre les loix relatives à leurs droits, à leurs devoirs, à leurs obligations, claires, simples, et telles que toute la force publique qu'elles gouvernent, se réunisse pour les défendre, sans qu'on voie une partie de cette même force publique occupée à les sapper impunément jusques dans leurs fondemens; que ces loix, protectrices de tous ses membres, favorisent plutôt chaque individu en particulier, que les diverses classes d'individus qui composent les différens grades de la hiérarchie militaire; qu'elles soient enfin l'objet du respect et de la terreur; qu'on tremble devant elles; mais qu'elles seules fassent trembler.

La crainte des loix est salutaire; la crainte des hommes est une source funeste et féconde en crimes (*).

Nos loix politiques, conçues jusqu'à présent pour la constitution de la force publique, sa formation, sa composition, son organisation, son recrutement, ses augmentations en temps de guerre, sa hiérarchie, son avancement, sa police, sa discipline et son administration particulière et générale, nos loix politiques, dis-je, ont-elles été rigoureusement dictées dans cet esprit? Leurs dispositions ont-elles pour base de prévenir les fautes, les délits et les crimes? Enfin, sont-elles revêtues de ce caractère d'impartialité qu'elles doivent avoir vis-à-vis de tous les individus de la force publique, pour, en leur démontrant leurs vrais intérêts, les engager et leur faire une heureuse nécessité de ne pas démentir par leurs actions, les principes honorables de leurs devoirs, et de les contraindre graduellement, pour ainsi dire, à prendre l'habitude de les aimer et de les chérir pour eux mêmes? Par suite, dans le cas d'infractions portées de leur part à ces mêmes devoirs, de les convaincre sentimentalement de la justice des corrections, peines et châtimens qui en sont inséparables?

Pour répondre à cette objection générale qui embrasse l'universalité des loix politiques de l'armée, je n'envisagerai, quant à présent,

(*) La loi n'est rien, si ce n'est pas un glaive qui se promène indistinctement sur toutes les têtes, et qui abat ce qui s'élève au-dessus du plan horizontal sur lequel il se meut. La loi ne commande à personne ou commande à tous : devant la loi, ainsi que devant DIEU, tous sont égaux. (*G. T. RAYNAL.*)

d'après la nature de cette première partie concernant uniquement la désertion, que les Loix politiques, constitutives de l'armée, me réservant dans chacune des parties subséquentes de cet ouvrage, d'approfondir pareillement toutes les différentes loix politiques qui la concernent spécialement ; par ce moyen je mettrai plus de clarté dans toutes mes différentes divisions ; ce qui me procurera l'avantage de classer tous les devoirs des divers individus de l'armée, dans toutes leurs positions, conséquemment de caractériser avec exactitude les prévarications y relatives, et d'y appliquer les corrections, peines et châtimens qui en seront inévitablement la suite.

Je pose pour principe fondamental, relativement à l'exécution des loix militaires-pénales, que la clémence doit être bannie d'une législation parfaite où les peines sont modérées, où les jugemens se rendent promptement et selon les règles ; vérité dure, en apparence pour ceux qui vivent sous le désordre d'une jurisprudence criminelle, où l'absurdité des loix et la rigueur des supplices nécessitent les graces et les pardons.

Le droit de remettre au coupable la peine qu'il a encourue, est, sans doute, la plus belle prérogative du TRÔNE ; c'est l'attribut le plus desirable de la SOUVERAINETÉ : mais il est en même temps une improbation tacite des loix.

Que les loix et leurs ministres soient donc inexorables ; mais que le législateur soit doux, indulgent et humain ; architecte prudent, qu'il donne pour base à son édifice, l'amour que chaque homme a pour son bien-être ; moraliste habile, qu'il sache réunir le concours des intérêts particuliers à former ensemble le bien général.

Alors il ne se verra point contraint de recourir à des loix particulières, à des remèdes dont l'effet sera de séparer à tout moment l'avantage de la société d'avec l'utilité de ses membres, et d'appuyer sur la crainte et la défiance le simulacre trompeur du salut public.

Philosophe profond et sensible, il laissera ses frères goûter en paix la chétive portion du bonheur que leur a départi L'ÊTRE SUPRÊME, et dont le système immense qu'il a établi, leur permet de jouir dans cette parcelle de l'univers.

ANALYSE POLITIQUE

DE LA LÉGISLATION DE L'ARMÉE FRANÇAISE,

CONCERNANT

Sa constitution, sa formation, sa composition, son organisation, son recrutement, son avancement et sa hiérarchie.

CONÇUE

PAR L'ANCIEN CONSEIL DE LA GUERRE,

Au sujet des soldats, sous-officiers et officiers de merite.

POUR ne point me répeter à ce sujet, je prie mes lecteurs de lire avec attention cette analyse comprise dans mon ouvrage intitulé : PRINCIPES FONDAMENTAUX DE LÉGISLATION MILITAIRE, etc.... depuis la page 89, jusques et compris la page 158; elle les convaincra que la perspective trop limitée et peu encourageante pour les soldats dans leur carrière militaire, étoit faite pour leur faire envisager leurs devoirs, sinon avec indifférence, du moins avec tiédeur; conséquemment pour les diriger à remplir leurs devoirs avec une insouciance qui devenoit insensiblement le principe de tous leurs écarts.

Or, je le demande, les loix militaires-pénales peuvent-elles sanctionner avec justice des loix constitutives aussi impolitiquement conçues ?

Quant à la composition des régimens par le mode du recrutement volontaire, je n'ai point balancé d'après une profonde expérience acquise dans l'exercice de mes fonctions aussi importantes qu'honorables, d'annoncer dans le même ouvrage que j'ai adressé le 20 février 1790, à M. LE COMTE DE GUIBERT.

« *Que le recrutement volontaire, insuffisant pour le complètement de l'armée, tant en paix qu'en guerre, sera toujours la perte de l'armée française, de sa discipline et de sa tranquillité.* »

« *J'ai démontré cette triste vérité par les réflexions contenues dans mon instruction*, (elle est manuscrite, ne l'ayant point fait imprimer) *politique et patriotique des différens corps de cavalerie de l'armée française, applicables sous tous leurs rapports, aux divers corps d'infanterie. J'étayerai cette démonstration par un mémoire très-détaillé sur cette partie constitutionnelle de l'armée, auquel je joindrai cent rapports qui m'ont été faits relativement aux prévarications journalières faites à ce sujet, dans mon seul département, au pied desquels seront placées les différentes décisions motivées et détaillées que j'ai rendues pendant l'exercice de mes fonctions.*

« *Ce travail vous mettra à même*, MONSIEUR LE COMTE, *de porter votre jugement sur les combinaisons politiques qui ont motivé la plus grande partie des dispositions de la nouvelle ordonnance du* ROI, *portant règlement pour toutes les troupes, tant à pied qu'à cheval, concernant le recrutement, les engagemens, l'envoi des recrues, la correspondance et la comptabilité du recrutement, les rengagemens et les congés, tant d'ancienneté que de grace, du 20 juin 1788.* »

« *Je ne balance point à le prévenir, en vous certifiant qu'il s'en faut bien que toutes les mesures qu'il ait été possible de prendre pour ne composer les régimens que d'hommes d'une bonne espèce, ayent été prévues, tant au fond, que quant à la forme.* »

« *Comme j'ai le plus grand soin, à la suite de mes analyses des différentes ordonnances, d'y placer les nouveaux projets que j'en dresse, vous serez à portée d'en faire une balance politique comparative pour apprécier sous tous leurs rapports, la justesse de mes combinaisons.* »

« *Cette ordonnance du* Roi, *concernant le recrutement, dit :*

TITRE PREMIER.

Article III.

« *Indépendamment des recruteurs mentionnés ci-dessus, et autorisés expressément par les conseils d'administration des régimens à s'employer au recrutement, tout officier, ainsi que tout bas-officier, soldat, etc.... étant au service de* Sa Majesté, *pourra faire des recrues, soit dans sa garnison, soit étant en congé ou en semestre ; et les engagemens qu'ils feront contracter, seront réputés valables, pourvu qu'ils soient passés et ratifiés dans la forme qui sera prescrite par le présent règlement.* »

Article IV.

« *Autorise même* Sa Majesté *tout particulier,*

quoique sans commission de recruter de la part du conseil d'administration des régimens, à engager des hommes pour son service, pourvu que les engagemens soient passés et ratifiés dans la forme qui sera ci-après ordonnée. »

Pour vous donner, MONSIEUR LE COMTE, *une esquisse rapide des abus journaliers inséparables des dispositions trop générales de cet article III, je joins ici les expéditions, à la suite les unes des autres, d'un rapport qui m'a été fait dans une des circonstances autorisées par ces mêmes dispositions, (réprouvées avec justice par les ordonnances antécédentes) d'un réquisitoire que j'ai adressé dans le temps, aux fins y portées, au commandant de la maréchaussée, de sa réponse, de l'enquête que j'ai faite, de l'instruction qui en a été la suite, et de ma décision conforme aux dispositions des anciennes ordonnances. Elles vous mettront à même de voir que les dispositions trop générales de cette nouvelle ordonnance, bien loin de prévenir ces abus, ne peuvent que les perpétuer au détriment de la discipline militaire.* »

« *Que penser des dispositions illimitées de cet article IV, dont le trafic le plus honteux des recrues qui en résulte, est une des sources odieuses de la désertion, que les législateurs doivent prévenir par de profondes combinaisons, tant pour la conservation précieuse des citoyens qui embrassent généreusement la carrière militaire, que pour la tranquillité et l'harmonie des régimens contrariée perpétuellement par les souvenirs amers, mais trop tardifs, des différens recrues constamment victimes d'un trafic aussi honteux!* »

INSUFFISANCE ET DANGER.

Des moyens employés jusqu'à présent pour recruter.

A PEINE les enrôlemens furent libres, que le soin de faire des recrues fut confié à des hommes qui ne tardèrent pas à en faire un trafic affreux; ils abusèrent du peu d'attention qu'on faisoit à leur conduite et à leur manége, par le besoin qu'on avoit de se compléter. En vain avoit-on voulu prévenir le mal par les ordonnances les plus sages; les guerres continuelles et les armées trop nombreuses forcèrent de s'en écarter; et les abus et les infractions aux ordonnances augmentèrent tous les jours. La difficulté de faire des recrues fit souvent chercher différens moyens pour faciliter les enrôlemens. Pendant la paix, quand on avoit moins besoin de soldats, on ne manquoit jamais de faire de nouvelles ordonnances pour remettre les premières en vigueur: mais le mal étoit trop enraciné; les nouvelles loix à ce sujet ne servoient qu'à rendre les infracteurs plus coupables. Bientôt on étoit obligé de recommencer la guerre, et alors on fermoit les yeux de nouveau sur les infractions, ce qui contribuoit à les perpétuer.

Pendant long temps les capitaines furent obligés de recruter leurs compagnies et de les tenir complètes à leurs risques et périls, au moyen d'un traitement pour les aider à suffire à cette dépense; mais cet arrangement nuisoit à la discipline intérieure des corps; il occasionnoit des changemens trop fréquens parmi les soldats; il donnoit les moyens à plusieurs capitaines de faire un trafic honteux de leurs compagnies; quelquefois ils sacrifioient à propos beaucoup d'argent, dans l'espérance ou la certitude d'en retirer davantage; souvent ils enrôloient des hommes à un très-bas prix, et leur vendoient chèrement leur liberté. On connoissoit tous ces abus, et le Roi voulut y remédier. Il se chargea, à la paix de 1763, de recruter à l'avenir toutes les troupes. Les premiers moyens qu'il employa pour remplir ce projet, furent les bataillons recruteurs.

L'expérience prouva bientôt combien ces bataillons étoient insuffisans et coûteux; on les remplaça par les dépôts : c'étoit corriger un mal par un beaucoup plus grand, et le nouveau ministre se hâta d'y remédier, en en détruisant la cause. Mais il falloit des recrues, et les moyens qu'on a pris sont insuffisans, puisqu'on n'a paré à l'inconvénient du non-complet, qu'en diminuant le nombre d'hommes dans chaque compagnie; ils sont encore dangereux et contraires au bien du service, nuisibles à l'état, onéreux aux officiers. Il suffira de parler des faits les plus ordinaires, ils prouveront les uns par les autres les vérités dont on donnera les détails.

On emploie actuellement pour les enrôlemens, des officiers et des bas-officiers dont on a fait le choix dans les régimens, et les officiers qui vont en semestre. Les premiers sont chargés de travailler à faire des recrues avec des fonds destinés pour cet objet; les seconds sont obligés de faire un certain nombre d'hommes. Ceux qu'ils conduisent au régiment leur sont payés une somme convenue, et ils payent au contraire une somme déterminée pour les recrues qu'ils auroient dû faire et qu'ils ne font pas.

Les causes qui pourroient contribuer à rendre les enrôlemens sûrs et faciles, manquent dans la constitution actuelle ; cependant pressé par le besoin d'avoir des recrues, et par le peu de penchant qu'ont les jeunes citoyens pour le service, on se permet des moyens dangereux, et l'on ferme les yeux sur ceux que mettent en usage impunément les recruteurs.

Qu'est ce en effet qu'un recruteur ? Trop souvent ce n'est qu'un homme ivrogne, débauché, sans mœurs et sans probité ; trop souvent ce même homme emploie la violence, la fraude et la friponnerie, et quelquefois même le crime, pour enrôler des dupes ou des gens timides et intimidés ; delà des enfans trompés, et que leur crédulité perd ; des hommes plus raisonnables, mais aussi crédules, dont on surprend le consentement après avoir aliéné leur raison au moyen du vin pris avec excès ; quelques-uns auxquels on l'arrache par force, ou en les intimidant par menaces ; presque point enfin qui soient engagés de leur propre volonté et avec le consentement de leurs parens.

(« *Je suis à même de convaincre mes lecteurs de la fidélité bien triste pour leur ame patriotique et la mienne, de cet hideux tableau, en mettant sous leurs yeux plus de* CENT RAPPORTS *qui m'ont été faits dans l'espace de deux ans au sujet des prévarications de cette nature, au pied desquels, d'après les enquêtes les plus exactes faites par moi, suivant les formes militaires juridiques, dans un arrondissement de plus de cinquante lieues, j'ai, conformément aux intentions paternelles de* SA MAJESTÉ, *consacrées par les dispositions de ses ordonnances militaires, prononcé la nullité de plusieurs engagemens contractés dans toutes les différentes et désastreuses positions contenues et détaillées dans ce récit déplorable. J'ai toujours provoqué avec sévérité, vis-à-vis des prévaricateurs de cette espèce, l'exécution littérale des ordonnances du* Roi, *contre leurs manœuvres pestiférées. J'étois enfin parvenu, par la vigilance la plus constante et la plus soutenue, à purger ce département militaire frontière, nonobstant toutes les traverses inattendues que j'ai essuyées dans diverses circonstances, par une autorité supérieure abusée, j'ose même dire mal dirigée, de ce fléau léthifère pour mes compatriotes.*

J'invoque hautement à cet effet le suffrage honorable de tous mes concitoyens de la province de la Lorraine allemande.) »

Ne sont-ce pas là des moyens dangereux et contraires au bien du service ? Est-ce sur de pareils soldats que l'État peut et doit compter ? Comment espérer de la bravoure, de la bonne volonté, de la docilité d'un ramas d'hommes qui ne servent la patrie que par force ou par libertinage? Il est possible que les officiers chargés de recruter, engagent librement quelques citoyens ; mais cela doit arriver bien rarement. Obligés de se confier aux soldats qui travaillent sous leurs ordres, ils en sont eux-mêmes la dupe, et ils favorisent, sans le savoir, les moyens que l'on met en usage pour s'assurer le salaire promis pour chaque recrue que l'on présente. Aussi peut on dire des racoleurs, qu'ils sont des ennemis de la sûreté publique, qui troublent la tranquillité des familles, corrompent les mœurs des jeunes citoyens, et mettent leur liberté à prix en les forçant de la perdre par la fraude et la séduction. Mais ces hommes dangereux ne s'en tiennent pas à tromper les personnes qu'ils engagent, ils trompent encore l'État lui-même, et ils arrêtent

au

au passage une grande partie de l'argent destiné pour recruter. D'abord les frais du racolage sont exorbitans, et ensuite le recrue a toujours dépensé avec le racoleur presque tout l'argent de son engagement avant de joindre ses drapeaux. Il seroit trop long et trop pénible pour l'humanité d'entrer dans tous les détails des horreurs qui se commettent quelquefois à ce sujet ; il suffit d'avoir parlé de quelques abus, pour se taire sur le plus grand nombre.

La plus grande partie des officiers fixés à des pensions modiques, sont forcés de parcourir une partie du royaume pour arriver de leur garnison dans la maison paternelle; mais outre les dépenses indispensables pour leur voyage, il leur reste l'obligation d'enrôler le nombre d'hommes qu'on a fixé. Comment y satisfaire? Rien de plus difficile et de plus dispendieux. Il faut d'abord faire des frais pour apprendre au public qu'on veut recruter; il faut ensuite des personnes qui puissent faire naître et épier les momens heureux, où quelques jeunes citoyens se décideront à s'engager. Ces momens sont rares, et presque toujours on ne les trouve qu'au cabaret ou dans des tripots; il n'en est aucun que le vin n'ait occasionné, et tous sont aux dépens de l'officier. Si l'on est heureux, on fait quelques hommes : nouveaux inconvéniens, nouvelles dépenses. Les garde-t-on? il faut les nourrir et avoir l'œil sur eux, dans la crainte qu'ils ne s'échappent. Veut-on les envoyer au régiment? On est obligé de leur donner un conducteur dont il faut payer grassement les peines et la route. Il seroit imprudent de compter sur la bonne foi de gens que l'on ne connoît pas, et dont la bonne volonté même doit être suspecte. Si ces hommes arrivent, sont reçus et signalés, on se trouve heureux, quoi qu'il en coûte, d'avoir rempli ses obligations. Mais s'ils désertent, l'officier est doublement puni ; il perd l'argent qu'il a si inutilement dépensé ; et de retour au régiment, il subit la peine pécuniaire, comme n'ayant point fait de recrues. Quelques officiers habitent certaines parties de la France, où il est impossible de recruter avec la formation et la discipline de nos troupes. Si ces officiers sont obligés d'aller en semestre, il faut ou qu'ils payent chèrement la liberté de vaquer à leurs affaires, ou qu'ils les abandonnent. Il est vrai qu'il leur reste une ressource ; ils peuvent traiter avec des recruteurs, qui se chargent de leur fournir les hommes dont ils ont besoin : mais cette ressource diminue bien peu la peine de la punition, et elle est contraire au bien du service et de l'État. Pourquoi imposer comme une peine l'obligation de faire des recrues ? Ne vaudroit-il pas mieux abandonner au zèle des officiers un travail si délicat et si important ? Et ne seroit-ce pas assurer la réussite des enrôlemens, que de tranquilliser les citoyens, et de n'avoir pour soldats que ceux qui veulent l'être ?

Je le demande de nouveau : sera-ce sur des loix aussi éphémères, concernant le recrutement ? Sera-ce sur leur exécution aussi illicite que désastreuse ? Sera-ce enfin sur des bases aussi insolides qu'un législateur patriote se fixera pour concevoir un code militaire-pénal sur les désertions ? Non. La justice, l'humanité, l'honneur, sources pures de ses heureuses conceptions pour instituer et fixer le bonheur de ses semblables, peuvent seuls en consacrer l'immortalité.

Par quels moyens peut-on rendre les enrôlemens plus sûrs et plus faciles ?

RÈGLES FONDAMENTALES ET GÉNÉRALES

Pour parvenir infailliblement à ce but patriotique.

Premièrement. En rendant honorable la profession du soldat, conformément à sa nature, à l'importance de ses devoirs, à sa magnanimité, et à son dévouement généreux et désintéressé pour l'utilité commune.

Deuxièmement. En n'en entretenant que le nombre nécessaire, suivant les différentes circonstances politiques, qui seules doivent impérieusement en consacrer l'utilité.

Troisièmement. En augmentant l'honneur dû à ses services méritans, acquis par la multiplicité de ses privations, commandées par la discipline militaire.

Quatrièmement. En lui donnant préliminairement une éducation rapide, mais instructive de ses devoirs, qui, en lui en procurant théoriquement la connoissance, le prépare insensiblement dans la pratique, à les remplir avec zèle, et lui apprend à considérer sous ses différens points de vue, la justice des peines méritées par ses infractions.

Cinquièmement. En lui assurant une paye plus forte, un service plus utile, des récompenses convenables, un avancement mérité dans ses grades, prescrit par des règles justes et invariables, des retraites avantageuses, un bien-être certain, des soins continuels.

La constitution militaire, sa formation, sa composition, son recrutement, son organisation, sa hiérarchie étant fondées sur des principes aussi analogues à sa nature, c'est alors que tous les citoyens vertueux, défenseurs nés de leur PATRIE et de leur ROI qui en est le père universel, brigueront avec une juste ivresse cette profession honorable, au lieu de la fuir.

Tels étoient les principes patriotiques de M. LE COMTE DE LA TOUR-DU-PIN, si justement honoré de la confiance du ROI, en qualité de son ministre de la guerre, qui, lorsque SA MAJESTÉ l'eut chargé de préparer un plan de constitution militaire, fit au ROI la proposition suivante :

« *Il sera aussi proposé au* ROI, *que tout sergent-major ou maréchal-des-logis en chef, cessera d'être engagé* ».

« *Ainsi tous les grades reprendront la considération qu'ils n'eussent jamais dû perdre, par cela seulement que pour parvenir au premier, il aura fallu passer par chacun de ceux qui lui sont subordonnés, seul moyen de rendre à la constitution militaire toute sa pureté* ».

Quelle sublime et profonde combinaison ! c'est une inspiration de L'HONNEUR.

Voilà comme de vrais ministres d'un Roi de France, ses premiers et ses plus fidèles organes, savent patriotiquement augmenter L'HONNEUR du soldat français, en le dégageant, d'après une juste appréciation de ses services méritans, des premiers liens honorables, politiques et nécessaires de son contrat d'enrôlement, pour les remplacer par les liens volontaires et indissolubles d'un HONNEUR éprouvé.

Quelle distance de pareilles combinaisons patriotiques, avec celles précédemment adoptées, qui croyoient honorer ces mêmes services méritans du soldat français, en prolongeant les liens politiques de son contrat d'enrôlement, lorsqu'il étoit promu à ces grades de sergent-major ou de maréchal-des-logis en chef!

Je m'empresse de transcrire ici l'apothéose du soldat français, que vient de m'adresser (*elle m'est parvenue dans ma retraite, aujourd'hui 24 février 1792.*) M. LE COMTE DE.. lieutenant-général des armées de SA MAJESTÉ, grand-croix-commandeur de l'ordre royal et militaire de Saint-Louis, commandant en chef pour le ROI, de la province de. . . . gouverneur de. . . .

« *Oui, Monsieur, les bases que vous établissez sur le code pénal et militaire, sont celles qui peuvent le faire prospérer. Elevé, pour ainsi dire, avec le soldat, que j'ai suivi dans toutes les positions de son état, je n'ai jamais trouvé de base assurée à sa subordination, à son courage soutenu, à sa patience et à ses succès, que* L'HONNEUR ».

« *Rappelez-vous que M. de Richelieu arrêta la maraude à Mahon en empêchant les grenadiers maraudeurs de monter la tranchée, la plus périlleuse qui fût jamais* »:

« *Qu'en 1758 on distribua à des grenadiers un trésor de deux millions, dont les voitures étoient brisées, et que l'ennemi serroit de près: que ces grenadiers, à* L'HONNEUR *desquels on le recommanda, remplirent leurs poches sans compter, et rapportèrent le trésor au quartier-général, sans qu'il y manquât un écu. Ces gens d'honneur refusèrent une gratification qui leur fut offerte, disant que l'honneur étoit payé par l'honneur. Si j'ai eu quelques succès à la guerre, et si je n'ai pas éprouvé de disgrâces, c'est que je ne conduisois les troupes que par ce sentiment dont j'étois pénétré; et nous nous entendions fort bien en parlant cette langue* ».

« *Je sais, Monsieur, que c'est la vôtre, et que votre zèle infatigable pour la réforme des abus, est plutôt guidé par* L'HONNEUR *que par l'intérêt. C'est ce qui me fera prendre toujours intérêt à vos succès, etc.* ».

L'estime d'un grand homme est un bienfait des Dieux.

Voilà comme nos vrais chevaliers français, voilà comme notre illustre noblesse a toujours su apprécier les services méritans du soldat français, qu'ils électrisoient par leur exemple et par leurs conseils paternels, de leurs sentimens magnanimes pour le service du Roi et de la Patrie.

Que je regrette que cet officier général, idolâtré avec tant de justice par l'armée, ne m'ait pas autorisé à le nommer ! . . . . A ce nom chéri, le soldat français eût reconnu son père.

MOYENS

Pour faciliter de plus en plus les enrôlemens, et les rendre moins onéreux et plus sûrs.

Ce seroit de confier aux officiers municipaux des villes, bourgs et villages, le soin d'enrôler les jeunes gens qui desireroient servir l'Etat, d'autant que tous les engagemens passeroient par les mains de ces officiers, et que leur témoignage seroit nécessaire pour les rendre valables.

De multiplier, par de profondes combinaisons, les personnes qui pourroient faire des recrues, tels que les officiers ou soldats qui seroient en congé, ou retirés du service, et vétérans.

J'ajouterai à ces mêmes moyens, pour faciliter les enrôlemens, et les rendre moins onéreux et beaucoup plus sûrs, ceux que j'ai proposés avec une franchise mâle, en 1786, à Messieurs les officiers de l'armée, par mon instruction politique et patriotique concernant la Cavalerie, de laquelle j'ai remis des manuscrits entre les mains de tous les régimens de différentes armes, dont la police m'avoit été confiée.

Ils y sont développés et conçus en ces termes :

QUANT AUX RECRUES,

« *Je leur dirai, en vrai patriote, que leurs meilleurs amis sont leurs soldats ; qu'ils forment leur état ; qu'ils partagent honorablement avec eux les périls inséparables de ce même état, sans en recueillir,* 1.° *ni les mêmes avantages,* 2.° *ni les mêmes douceurs.*

(Quel tableau fidèle et méritant pour ces généreux défenseurs !)

Qu'en conséquence, usant vis-à-vis d'eux d'une autorité nécessaire, mais en même-temps paternelle, puisque cette même autorité ne leur a été donnée que par le père commun, qui est le ROI, *ils s'étudient continuellement à remplir vis-à-vis de ces mêmes soldats, les devoirs sacrés et consolans attachés à ces deux qualités précieuses* D'AMI *et de* PERE.

Ils se complaisent en en donnant à leurs soldats l'exemple soutenu rigoureusement dans toutes ses parties, à leur faire aimer les fonctions pénibles de leur état.

Je leur prédis que ce travail (des recrues) ne les concernera plus.

Un régiment devenant graduellement, par cet exemple, une même famille, les soldats craindront eux-mêmes de quitter de pareils amis, en se rendant incapables de captiver tant leur estime, que leur confiance.

Si des circonstances en forçoient quelques-uns à quitter cette même famille, fidèles interprètes et organes de la généreuse conduite de leurs officiers, ils rendroient, dans leurs retraites justement méritées, un compte basé sur le même principe, à leurs concitoyens, de la satisfaction qu'ils auroient goûtée au service du Roi; *les recrues se présenteroient d'elles-mêmes en abondance.*

Emulation nationale vraiment subsistante, qui anéantiroit tant un travail pénible, que les moyens qui en sont la suite, bien étrangers au caractère militaire-national qu'on est forcé aujourd'hui d'employer pour compléter, même FACTICEMENT, *un régiment.*

QUELLES SONT LES FORMALITÉS QU'IL FAUT OBSERVER QUAND ON VEUT ENRÔLER?

Cette question ne paroît d'abord tenir qu'à de simples formes aisées à prescrire; mais quand on veut la développer et l'approfondir, elle devient plus intéressante, et d'une discussion difficile et délicate. Le fondement du contrat, les peines dont on peut et doit punir sa violation, la manière enfin de lui donner plus de force et d'authenticité: tous ces objets semblent être liés à l'acte d'enrôlement; ils intéressent essentiellement les jeunes gens qui s'engagent: pourroit-on s'en occuper avec indifférence? Il s'agit de la liberté, de la vie même des citoyens qui se dévouent au service et à la défense de la patrie.

QUEL EST LE FONDEMENT DU CONTRAT D'ENRÔLEMENT?

C'est le pacte social; conséquemment l'utilité

publique et le bien général doivent en dicter les conditions.

QUELLE DOIT ÊTRE L'ÉTENDUE DU CONTRAT D'ENRÔLEMENT?

Si le citoyen qui s'est engagé volontairement pour être soldat, restoit le maître de rompre son engagement à sa volonté, l'Etat ne pourroit jamais compter sur ses défenseurs, on prendroit inutilement la peine d'instruire ceux qu'on auroit enrôlés, et l'on seroit continuellement exposé à devenir la proie de quelques voisins ambitieux; ainsi, pour la tranquillité du citoyen et la sûreté de l'Etat, il est donc essentiel qu'il y ait des engagemens mutuels, qui contiennent les obligations que l'on contracte de part et d'autre.

Le Roi, souverain de la monarchie, s'étant chargé de la défense de toutes les propriétés de la nation, doit offrir de soudoyer, d'entretenir, de récompenser tous les citoyens qui s'engagent volontairement de servir l'Etat; et de leur promettre, pour ses officiers, de n'exiger jamais d'eux, que ce qu'il leur a prescrit par ses ordonnances militaires.

De leur part les citoyens qui contractent entre les mains des mandataires du Roi, l'obligation de servir l'Etat en qualité de soldats, doivent se soumettre à remplir exactement tous les devoirs de leur nouvelle et honorable profession, à suivre ponctuellement toutes les dispositions des ordonnances militaires qu'on leur auroit fait connoître, et à encourir les peines prononcées par la loi contre les infractions, toutes les fois qu'ils se seroient écartés des dispositions des ordonnances militaires.

C'est pourquoi, conformément à la nature des obligations respectives contenues dans chaque contrat d'enrôlement, je poserai pour principe fondamental, concernant l'exécution des loix militaires-pénales, que, préalablement aux différens jugemens qui prononceront les diverses peines décernées aux déserteurs, il faudra, suivant les règles de la justice, que les juges examinent très-scrupuleusement si les causes des désertions qui les motiveront, n'auront point été occasionnées de la part de qui que ce soit, contre les intentions paternelles de Sa Majesté, par les négligences, par les torts soit volontaires, soit involontaires, portés aux droits accordés par les ordonnances militaires individuellement à chacun des citoyens enrôlés. Cette enquête préalable, prescrite impérieusement par la nature des obligations respectives contenues dans le contrat d'enrôlement, et dictée en même-temps par la justice, peut seule dévoiler et constater la vraie source des fautes, des délits et des crimes de cette espèce, et mettre à même les juges, organes de la loi, de prononcer avec certitude sur qui devront frapper les peines imposées par la loi pour les divers cas prévus pour les désertions.

Afin de rendre plus sensible ma proposition au sujet du principe fondamental que je viens de poser, relativement à l'exécution des loix militaires-pénales, je vais transcrire les dispositions de l'article XXVIII du titre II de l'ordonnance du Roi, concernant la désertion, du 1er juillet 1786, relatives aux peines prescrites contre un soldat déserteur d'un régiment, rengagé dans un autre.

La discussion analytique que j'en ferai, démontrera de plus en plus à mes lecteurs, la justice de ce principe fondamental. Je les prie d'envisager cette discussion sous son vrai point de vue. L'humanité seule m'a fait entreprendre cet ouvrage, et non la critique que j'abhorre. La sensibilité de mon ame, dirigée exclusivement par la justice et par la vérité, me donnera la force de le terminer. Quand il s'agit de la liberté, de la vie même de ses concitoyens qui se dévouent généreusement au service du Roi, et à la défense de la patrie, est-il possible de s'en occuper avec indifférence? Non; autrement le sophiste remplace le législateur.

Par cette ordonnance du Roi, il est dit :

TITRE II.

DU RETOUR VOLONTAIRE DES DÉSERTEURS.

Article XXVIII.

« Sa Majesté *veut bien cependant accorder à tout déserteur de ses troupes, qui s'étant engagé dans un autre régiment, se déclarera, et dans quelque temps qu'il se déclare, la grace du retour volontaire; pourvu toutefois que sa désertion n'ait pas été accompagnée de circonstances qui l'en excluent. Il fera sa déclaration au commandant de sa compagnie, qui en rendra compte au major, et celui-ci au commandant de son régiment. Le déserteur sera constitué prisonnier et conduit à son premier régiment, où il sera jugé dans la même forme que tous les déserteurs admis à profiter de la grace du retour volontaire; et il sera condamné, en réparation de sa faute, à huit années de service au-delà de son engagement* ».

En ma qualité de juge militaire, ayant à prononcer un jugement sur le délit prévu par les dispositions de cet article, je verrois dans la conduite répréhensible de ce soldat déserteur rengagé ;

Premièrement, un premier délit consommé par la désertion de son premier régiment ;

Deuxièmement, un second délit beaucoup plus grave et plus compliqué que le premier, en ayant déserté pour se rengager dans un autre régiment.

Cette gravité compliquée me paroitroit fondée sur deux vols et sur une fausse déclaration faits par ce déserteur, en consommant son second délit. Le premier vol, en ayant reçu le prix de son premier engagement pour servir dans le premier régiment, d'où il est déserté ; le second vol, en recevant le prix de son second engagement (*n'ayant fait le temps de son premier engagement*) dans le deuxième régiment où il s'est réfugié, dans lequel il n'aura vraisemblablement été reçu, que sur l'interpellation préalable qui lui aura été faite dans ce deuxième régiment, s'il étoit libre : liberté dont il aura faussement déclaré qu'il jouissoit.

Si en contractant ce second engagement il n'a pas voulu recevoir d'argent de la part du deuxième régiment dans lequel il est entré, ce qui change la nature de son délit, (*modification que les dispositions de cet article XXVIII n'ont pas prévue*) je n'apercevrois plus dans sa conduite qu'une instabilité fautive. L'instruction que je me procurerois à ce sujet, avant de le juger, me mettroit à même d'en connoître les motifs.

Ce soldat profitant de la grace du retour volontaire, en remplissant les formalités prescrites par les dispositions de cet article, pourrois-je consciencieusement prononcer contre ses différens délits, la peine qui leur est imposée, sans avoir fait une enquête préalable, telle que je l'ai proposée par mes observations précédentes? Non; attendu que le résultat de cette enquête m'auroit peut être découvert que la désertion ou l'instabilité fautive de ce soldat, n'avoient peut être été motivées (*je ne dis point légitimées, car elles ne peuvent l'être dans aucunes circonstances*) que par les privations fatigantes qu'il auroit éprouvées, par suite de la négligence que j'aurois pu employer dans mes fonctions, comme étant chargé de la police du premier régiment dans lequel il s'étoit engagé, pour surveiller scrupuleusement à ce que les soldats jouissent de tous les objets que Sa Majesté, en conséquence des obligations respectives de leur contrat d'enrôlement, a voulu leur être accordés pour leur usage, leur bien-être, leur tranquillité et leur santé.

(*A quelle peine dois je être soumis dans ce cas? C'est ce qui sera prévu dans le cours de ce code militaire-pénal, au titre des fautes et des délits des administrateurs militaires*) (*).

Si j'eusse donc jugé ce soldat dans une pareille circonstance, sans cette enquête préalable, j'aurois donc voilé par un jugement inique et criminel, ma négligence condamnable, en rendant victime ce soldat déserteur ou fautif par ma faute,

---

(*) Ce titre sera sévère, mais juste par sa véracité impartiale. Mes combinaisons dirigées par ma profonde expérience, seront puisées dans les devoirs des différens administrateurs militaires. Seuls, ils dicteront les dispositions de chaque article. La justice, les intentions paternelles du Roi vis-à-vis de ses soldats, la légitimité de leurs droits, les consacreront.

(*dans ce dernier cas, ce soldat est à réprimander, mais excusable*) des injustes privations que je lui aurois fait supporter.

Indépendamment des remords déchirans inséparables d'une telle prévarication, quels reproches mérités ce généreux, mais opprimé soldat ne seroit il pas dans le cas de me faire journellement dans le silence? Étant sacrifié par l'autorité de la loi, sous l'égide sacré de laquelle il s'est dévoué au service du Roi, pour la défense de la patrie, il n'aspirera qu'au moment de s'éloigner de ses drapeaux. Jusqu'à cette époque si désirée par lui, quel zèle attendre de ses services, et sur-tout de leur prolongation forcée (*ce genre de punition n'a jamais été prescrit par l'honneur*) dans le même régiment qu'il n'avoit peut-être quitté, quoique fautivement, que d'après les privations que lui auroit occasionnées ma négligence? J'ose le dire, une nouvelle désertion. De sorte que s'il est arrêté, il sera condamné, suivant les dispositions de l'article XXIII du titre III de la même ordonnance, aux galères pour quinze ans.

Ce ne sera jamais par des combinaisons politiques aussi légèrement conçues qu'on parviendra à prévenir les désertions, et à déterminer de vertueux citoyens à embrasser, à suivre avec perpétuité cette carrière honorable.

Si, d'après l'enquête préalable, je découvrois que les motifs de la désertion ou de l'instabilité de ce soldat, provenoient des injustices qu'il auroit supportées dans son premier régiment de la part de ses officiers, pourrois-je dans cette circonstance, prononcer avec justice contre lui les peines décernées à son délit par les dispositions de cet article? Non; ses droits, aux yeux de la justice, étant relativement aussi précieux que les leurs, je ne puis, sans prévarication, les méconnoître.

(*A quelle peine les officiers convaincus seront-ils soumis dans ce cas? C'est ce qui sera pareillement prévu dans le cours de ce code militaire-pénal, au titre des fautes et des délits concernant les abus d'autorité de la part des officiers.*)

Quel jugement porter, d'après cet exemple applicable à une infinité d'autres, sur l'organisation tant ancienne que nouvelle des tribunaux militaires?

Dans la première circonstance, si la désertion ou l'instabilité du soldat, sont motivées par la négligence du commissaire des guerres chargé de la police du régiment du déserteur, peut-on rigoureusement présumer que le commissaire-auditeur des guerres, chargé d'informer sur les causes de la désertion ou de l'instabilité, soit porté exclusivement, au préjudice de son confrère, à acquérir à la décharge du déserteur, toutes les preuves palliatives, soit de son délit, soit de son instabilité, pour en charger son confrère qui, par sa négligence, en seroit le moteur indirect? Quelle position délicate et critique!.... L'intégrité du commissaire auditeur, ses devoirs m'en assurent; mais néanmoins les foiblesses inséparables de l'humanité, motivées par des rapports sociaux, que dirai-je! sinon autorisées, mais ménagées et préparées par des égards réciproques dans l'exercice de fonctions presque communes, contrarient ma certitude (*). C'est, environné de ces doutes

(*) Pour convaincre mes lecteurs de la possibilité des positions délicates et critiques où des administrateurs,

involontaires, que je cherche infructueusement, d'après l'organisation actuelle des tribunaux militaires, sur quelles bases solides et pures, un commissaire-ordonnateur, grand-juge militaire,

---

exerçant les mêmes fonctions, peuvent se trouver réciproquement les uns vis-à-vis des autres, et être dans le cas, par une condescendance condamnable, de s'écarter quelquefois des règles prescrites salutairement par les loix, pour l'intérêt général; ce qui leur démontrera que les foiblesses étant inséparables de l'humanité, doivent être prévenues et dirigées par des loix profondément combinées; je vais, avec franchise, leur tracer une foiblesse condamnable que je me suis permise pendant l'exercice de mes fonctions, pour ne point compromettre plusieurs de mes confrères, fautifs par un défaut de surveillance. Je les prie de lire avec attention les trois pièces suivantes.

Première pièce. 11 janvier 1788, revue de route par moi faite d'un détachement pour remonte d'un régiment de...... hussards. Rapport à ce sujet. « Cejourd'hui onze janvier mil sept cent quatre-vingt huit, une heure de relevée, il s'est présenté chez moi, un hussard porteur d'une route signée de Sa Majesté, expédiée pour un détachement d'hussards du régiment de...... à l'effet de conduire dix-neuf chevaux de remonte pour ce régiment; ledit détachement composé d'un maréchal-des-logis et neuf hussards, commandés par un lieutenant, ainsi qu'il a été constaté au dos de ladite route sur la revue effective et dénominative seulement du lieutenant, qui en avoit été faite à........ par M. de....... commissaire des guerres à.......

Cet hussard, en me priant de signer ma revue pour le séjour que ce détachement devoit faire à Sarguemine, ledit jour onze janvier, m'a prévenu que l'étapier, ou la personne le représentant, leur avoit refusé de leur délivrer les rations de fourrages nécessaires pour leurs chevaux, sous le prétexte qu'elle n'avoit plus d'engagement de pris avec l'étapier qui est un juif, demeurant à Puttelange; (*distant de Sarguemine de trois lieues*) qu'en conséquence il conviendroit que je donnasse les ordres nécessaires à qui il appartiendroit, pour que les rations de fourrages leur fussent délivrées.

J'ai écrit, en conséquence de ce rapport, à la personne

pourra

pourra se fixer pour faire une impartiale application des dispositions de la loi à la nature du délit de ce déserteur.

Dans la seconde circonstance, si la désertion

---

ci-devant chargée par l'étapier, de faire ces fournitures, étant lors absente, j'ai répondu à cet hussard que j'allois lui en faire délivrer aux risques, périls et fortunes de qui il appartiendroit, dix-neuf rations complètes. A quoi il m'a objecté qu'il en falloit vingt-deux, dont une pour le maréchal-des-logis, et deux pour le lieutenant; que c'étoit l'usage pratiqué sur toutes les routes. Lui ayant dit que je méconnoissois cet usage, que je regardois comme très-abusif et contraire aux dispositions de l'article XXXVI de l'ordonnance du Roi, portant rétablissement et nouveaux règlemens sur les étapes, du 13 juillet 1727, dont je lui ai donné connoissance, que je ne leur ferois délivrer que dix-neuf rations complètes, attendu que par cette route il étoit spécialement dit que ce détachement conduiroit à pied ces dix-neuf chevaux de remonte. il s'est retiré en me disant qu'il alloit chercher son maréchal-des-logis avec lequel je m'expliquerois.

Un instant après est venu ce maréchal-des-logis, accompagné du Sieur...... inspecteur des magasins à fourrages du Roi, résidant à Sarguemine, lequel, d'après le rapport que lui avoit fait cet hussard de mes observations, m'a répété de même qu'il leur falloit vingt-deux rations, suivant l'usage ci-dessus énoncé. Je lui ai fait la même réponse qu'à cet hussard. Le Sieur...... inspecteur desdits magasins à fourrages, m'a dit qu'attendu l'absence de l'étapier, il ne pouvoit leur fournir du fourrage des magasins du Roi, que d'après mes ordres. Je suis sorti avec ce maréchal-des-logis et cet hussard, pour faire ma revue effective de ce détachement, tant en hommes qu'en chevaux. En la faisant, j'ai été étonné de n'y point voir le lieutenant désigné dans la route signée par SA MAJESTÉ, et dénommé dans la revue effective passée à ...... par M. de .... commissaire des guerres. J'ai demandé au maréchal-des-logis où il étoit; il m'a dit qu'il étoit resté à...... mais qu'il devoit se rendre dans la soirée à Sarguemine, et qu'aussitôt son arrivée il le préviendroit de

ou l'instabilité sont motivées par les injustices que le déserteur aura supportées dans son régiment, peut-il être jugé par les auteurs indirects de son délit ou de sa faute, dans un conseil du

---

mon observation à son sujet, pour qu'il se présentât devant moi. Je me suis ensuite transporté dans deux écuries où les dix-neuf chevaux y étoient placés; je les ai effectivement vus.

Ce maréchal-des-logis m'ayant demandé sa route que son hussard m'avoit remise, et que j'avois signée avant ma sortie de chez moi, je lui ai répondu que je ne pouvois la lui rendre que préalablement je n'aye rendu compte à M. le marquis de .... commandant en second de la province, résidant à Sarguemine, de mon opération. Je me suis en conséquence transporté sur le champ chez M. le marquis de ...... que je n'ai point trouvé. J'ai remis cette route à son premier secrétaire, en le prévenant de l'absence de ce lieutenant; que je le priois d'en faire part au général, pour qu'il voulût bien me faire passer ses ordres à cet effet.

Sur les huit heures du soir ce même maréchal-des-logis s'est présenté chez moi pour me demander sa route. Je lui ai répondu que le général ne me l'avoit point renvoyée; qu'aussitôt qu'elle me seroit parvenue, je la lui ferois tenir à son auberge, après avoir rayé la présence du lieutenant, s'il ne se présentoit pas chez moi. Il m'a réitéré qu'il l'attendoit toujours dans la soirée.

Sur les neuf heures du soir, j'ai reçu une lettre de M. le marquis de .... avec la route pour ce détachement. Je l'ai fait passer sur le champ par un de mes domestiques à l'auberge où logeoit ce maréchal-des-logis; ne l'ayant point trouvé, il me l'a rapportée.

Le 12 au matin, ce maréchal-des-logis s'est présenté chez moi sur les sept heures pour retirer cette route que j'avois signée la veille, en y comprenant ce lieutenant que je n'ai point vu; je la lui ai fait remettre sans avoir préalablement rayé la présence y insérée de ce lieutenant, *pour ne point compromettre deux de mes confrères* qui l'avoient signée antécédemment à moi, etc..... »

Deuxième pièce. Lettre écrite, à M. de ...... commis-

régiment, suivant les dispositions de l'article VI du titre VI de la même ordonnance? Non. L'impartialité, attribut sacré de la justice, ne pouvant rigoureusement dans cette circonstance (*étant*

---

saire des guerres à .... par M. Goupy de Morville, commissaire des guerres. De Sarguemine, ce 13 janvier 1788.

« Je m'empresse de vous prévenir, Monsieur et cher confrère, que j'ai signé, le 11 du présent mois, une revue de route pour un détachement à pied du régiment de..... hussards, destiné à la conduite de dix-neuf chevaux de remonte; laquelle revue vous aviez précédemment signée à ...... ayant fait ma revue effective tant des hommes que des chevaux composant ce détachement, j'ai été très-surpris de n'y point voir le lieutenant commandant ce détachement dénommé au dos de cette route, dans la revue désignative qu'en a passée M. de ...... notre confrère, commissaire des guerres à ...... En conséquence, je n'ai point voulu autoriser l'étapier ou son représentant, comme le demandoit le maréchal-des-logis, à délivrer l'étape en l'absence de ce lieutenant, que le maréchal-des-logis m'a déclaré être resté à .... ayant vu que le certificat que vous aviez signé, tant pour la route que pour le séjour de ce détachement à .... étoit de l'écriture de M..... votre secrétaire, je vous engage à lui recommander de mettre plus de fidélité dans ce qu'il vous présente à signer, autrement il pourroit vous compromettre. Je lui écris par le même ordinaire à cet effet. Les difficultés que j'ai éprouvées dans ce passage, jointes aux supercheries qui ont été employées par les différens entrepreneurs chargés de ce détail, m'ont forcé à dresser un rapport à ce sujet, dans lequel j'ai dévoilé la conduite peu régulière de ce détachement, etc....... »

TROISIÈME PIÈCE. Lettre écrite à M..... secrétaire de M. de ..... commissaire des guerres à ..... par M. Goupy de Morville, commissaire des guerres.

A Sarguemine, ce 13 janvier 1788.

« Il m'a passé, Monsieur, par les mains, le 11 de ce mois, une revue de route que vous avez fait signer à M.

eux-mêmes parties) être la base de leur jugement, la loi seroit alors remplacée par l'arbitraire.

Quels moyens donc employer pour que la justice soit rendue avec impartialité dans des circons-

---

de ...... concernant un détachement du régiment de..... hussards, commandé par un lieutenant pour conduire dix-neuf chevaux de remonte. D'après la revue effective que j'ai faite de ce détachement, tant en hommes qu'en chevaux, j'ai été instruit par le maréchal-des-logis, à qui j'ai témoigné ma surprise de l'absence de ce lieutenant, qu'il étoit resté à .... conséquemment qu'il n'avoit point paru dans votre ville avec son détachement. Comment, Monsieur, avez-vous pu vous permettre de présenter à M. de ..... à signer une revue de route dans laquelle vous avez inséré la présence de ce lieutenant absent ? La vérité seule doit guider tout galant homme dans toutes ses opérations ; elle doit être en outre imperturbablement accompagnée de la plus grande circonspection de la part de toutes personnes chargées de diriger les opérations d'un galant homme ; c'est pourquoi j'ai été très-étonné de la facilité avec laquelle vous vous êtes permis de faire signer cette revue de route à M. de .... sans l'avoir préalablement étayée par la plus stricte vérification. Pesez mes justes observations d'après le but qui les motive, et vous ne vous permettrez jamais de compromettre un galant homme qui a placé avec raison sa confiance en vous, en lui faisant autoriser involontairement des abus déshonorans pour les troupes, et préjudiciables de toutes manières pour le service du Roi, dont, par les devoirs de son état, il doit être le premier et le plus scrupuleux surveillant, etc. »....

Ayant jugé avec raison cette déférence vis-à-vis de mes confrères, comme très-condamnable de ma part, je n'ai point balancé à en faire sincèrement l'aveu à M........ commissaire ordonnateur, sous les ordres duquel j'exerçois mes fonctions dans mon département : en conséquence, je lui ai écrit la lettre suivante, aux risques d'une censure méritée de sa part, par l'écart de mes devoirs.

De Sarguemine, ce 14 janvier 1788.

MONSIEUR ET ORDONNATEUR,

ÉTANT dit par l'article V du titre IV de l'ordonnance du

tances de cette nature? Je les proposerai dans le cours de cet ouvrage. Ils seront détaillés dans un plan que j'ai conçu concernant la compétence des tribunaux militaires, leur organisation et leur

---

Roi, concernant les commissaires des guerres, du 14 septembre 1776, que l'intention de Sa Majesté est que les troupes continuent à se conformer avec la plus grande exactitude à tout ce qui leur est prescrit par les ordonnances concernant leur discipline et leur police, j'ai l'honneur de vous adresser la copie collationnée d'un rapport que j'ai dressé le 11 du présent mois, relativement à un détachement du régiment de ...... hussards, conduisant dix-neuf chevaux de remonte pour ce régiment.

Cette opération m'a mis à même, d'après tous les renseignemens que je me suis procurés, de découvrir bien des abus dans cette partie du service de Sa Majesté, et qu'il est très-essentiel de prévenir à l'avenir, tant pour les intérêts du Roi, que pour l'exacte discipline de ses troupes.

Il y a quelque temps qu'on s'est pareilement présenté chez moi, pour me présenter à signer une revue sur une route signée par Sa Majesté, expédiée pour un détachement d'un régiment de dragons pour aller en remonte, composé de quinze hommes commandés par un capitaine. Ayant observé à la personne qui me l'a présentée, que je ne signerois cette revue de route qu'après avoir fait ma revue effective de ce détachement, elle m'a prié de la lui remettre sous le prétexte que ces sortes de revues ne se passoient pas; qu'au surplus le capitaine me rapporteroit lui-même cette route, si je persistois à vouloir passer ma revue effective de ce détachement: je la lui ai remise en effet; mais je n'ai revu personne. J'ai appris depuis que cette même revue de route avoit été signée par M...... subdélégué à....... quoique le capitaine n'y eût jamais été présent.

Il conviendroit, pour anéantir des abus de cette nature, que M. l'intendant ordonnât, si toutefois il le juge à propos, que les maires, échevins, syndics, ou les subdélégués résidant dans des villes où sont fixés des commissaires des guerres, ne les suppléassent rigoureusement dans de pareilles circonstances, qu'en cas d'absence, ces officiers signant

manière de procéder devant eux. Cependant desirant de prévenir l'impatience de mes lecteurs à ce sujet, je vais me permettre, quant à présent, de leur tracer une esquisse rapide de ces mêmes moyens.

Comment, me demandera-t-on, pouvoir se procurer avec facilité, avec certitude, toutes les preuves nécessaires dans les deux circonstances, et toutes autres de cette nature ci-devant présentées ? Par des combinaisons profondes, répondrai-je, relatives aux formalités à remplir, de la part de qui que ce soit, pour l'exécution des ordonnances militaires, paternelles, dictées par Sa Majesté. On ne sauroit trop les multiplier avec soin pour éclairer la marche salutaire et bienfaisante de la justice, soit pour défendre les intérêts précieux des généreux défenseurs de la patrie, soit pour les convaincre, dans la plus grande évidence, de leurs écarts condamnables.

Dans la première circonstance où la désertion auroit pu être motivée par la négligence du commissaire des guerres dans l'exercice de ses fonctions, qu'on tienne très-rigoureusement la main à l'exécution des dispositions des articles IX, X, XI, XII, XIII et XIV du titre V, concernant les commissaires ordinaires et leurs fonctions,

---

toutes ces revues de route, sans revue préalable : négligence intolérable d'après les dispositions de l'ordonnance du Roi, portant rétablissement et nouveaux règlemens sur les étapes, du 13 juillet 1727, qui multiplie, pour ne pas dire, autorise, tant de la part des troupes, que des différens fournisseurs, les abus de toute espèce prévus et condamnés rigoureusement, et avec tant de justice, par cette même ordonnance du Roi, etc...... »

AB UNO DISCITE OMNES.

du projet de décret pour l'organisation des commissaires des guerres, que j'ai présenté à l'ASSEMBLÉE NATIONALE. Alors un juge militaire, ayant à prononcer un jugement dans une circonstance de cette nature, se faisant représenter pendant le cours de son instruction les différens registres-journaux que tous les commissaires des guerres, soit ordonnateurs, soit principaux, soit auditeurs, soit ordinaires, doivent tenir très-scrupuleusement, aux termes des dispositions de ces différens articles, chacun en ce qui les concerne, relativement à l'étendue hiérarchique de leurs fonctions; ce juge militaire, dis-je, d'après l'examen particulier qu'il en fera, sera à même de voir si les motifs de la désertion peuvent avoir leur source dans la négligence desdits commissaires; auquel cas il établiroit une des bases de son enquete sur cette négligence qui seroit démontrée par l'irrégularité plus ou moins grande de ces divers registres-journaux; ce qui le guideroit pour faire assigner les témoins qu'il jugeroit les plus capables et les plus en état par leurs fonctions, de lui faire connoître les objets sur lesquels se seroit portée cette négligence.

Voilà, me diront des législateurs superficiels, l'éternité des procès militaires, consacrée par la multiplicité des formalités que je propose: conséquemment l'objet principal des peines, annéanti par la stagnation; la rapidité exemplaire de la justice militaire, dissolue.

A cette objection spécieuse, pour ne pas dire atroce, je répondrai que la rapidité salutaire de la justice militaire ne doit se développer que dans ses décisions, mais préalablement éclairées et dirigées par une marche circonspecte que le juge ne doit précipiter que par les flots de lumières, dont il s'environne ; qu'autrement l'injustice seroit la base de cette fatale rapidité si inconsidérément réclamée.

Ainsi le prescrit l'humanité. Tel est le code éternel du législateur ; qu'il le suive dans toutes ses heureuses conceptions pour fixer, nonobstant des clameurs insensées et erronées, le bonheur et la tranquillité de ses semblables ; son ame immortelle jouira par anticipation, des hautes destinées auxquelles elle est appelée.

Dans la deuxième circonstance, si la désertion est motivée par les injustices que le déserteur a supportées dans son régiment ; qu'on ne me prévienne pas sur les moyens que je vais proposer pour s'en convaincre, en m'objectant que, par une enquête de cette nature, je détruirai la discipline militaire, en admettant pour témoins des soldats qui ne balanceront point à déposer avec avidité contre leurs officiers, pour pallier la faute ou le délit de leur camarade condamnable. Personne, n'ayant plus respecté et ne respectant plus que moi, la subordination graduelle et salutaire, mais uniquement dictée, dirigée et maintenue par L'HONNEUR, de la hiérarchie militaire, je serai toujours bien éloigné de l'altérer en aucune manière par mes combinaisons politiques. Ce ne sera jamais sur L'ANARCHIE que j'oserai établir la légitimité des droits des généreux défenseurs de ma patrie. Ces mêmes droits ayant leur source dans la justice, c'est sous son égide sacrée qu'ils doivent en jouir ; c'est dans la pureté de cette même source qu'ils apprendront à remplir rigoureusement leurs devoirs dans toutes les circonstances, suivant les règles tutélaires, mais sévères, prescrites par la discipline militaire, dans l'exécution desquelles tous les individus de l'armée trouveront toujours infailliblement leur bonheur commun.

Je proposerai qu'il soit établi dans chaque régiment des différentes armes de l'armée un contrôle général et distinct des hommes qui le composent, avec une demi-page réservée en blanc pour chaque individu, sur laquelle seront incrites avec soin les diverses punitions, de quelqu'espèce qu'elle soient, décernées aux soldats par leurs officiers, pendant le cours de leurs services, lequel contrôle général et *censorial* sera tenu double par le Commissaire des guerres chargé de la police du régiment.

Alors un juge militaire, lors de l'exercice de son ministère, pour juger un déserteur, se faisant représenter ce contrôle général, sera à même, par la communication attentive qu'il en prendra, de découvrir si la désertion a été motivée par des injustices. Ses interrogations vis-à-vis le déserteur seront dirigées dans ce cas sur des preuves tacites de sa conduite, constatées par ce contrôle général, mais néanmoins assez instructives pour lui découvrir la vérité plus ou moins fondée dans les déclarations que lui fera ce déserteur. Cette instruction préparatoire le dirigera alors à faire assigner les témoins qu'il jugeroit les plus en état de lui donner tous les renseignemens nécessaires pour asseoir avec tranquillité son jugement vis-à vis de qui que ce soit, dans de pareilles circonstances. (*)

(*) C'est dans des circonstances aussi critiques qu'il faut mesurer sa raison, et réfléchir long-temps avant d'oser accuser un homme et le punir. Cependant il faut châtier; et puisqu'il y a des hommes assez vils pour faire des fautes, délits et crimes, il faut des hommes assez clairvoyans et

J'aperçois dans l'heureuse institution de ce contrôle général, *censorial*, tenu double par le régiment et par le commissaire des guerres chargé de sa police, une multiplicité d'avantages bien consolans pour le maintien sans altération de la discipline militaire, 1°. de diriger avec certitude la conduite, la justice des juges militaires dans de pareilles circonstances, 2°. de constater l'impartialité des décisions de MM. les Officiers de chaque régiment, au sujet de l'avancement plus ou moins mérité de leurs soldats, 3°. d'éta-

---

assez fermes pour les condamner; d'autant que, s'il est affreux de punir, il l'est encore davantage de rester dans l'inaction. Il faut que le châtiment soit aussi prompt que la faute.

Mais, en punissant, il faut observer, non-seulement de punir à propos, mais encore de ne pas augmenter le châtiment en choisissant mal la peine que l'on inflige. Trop souvent la punition des fautes n'est qu'un calcul fait par l'inconséquence et la partialité. On ne sauroit donc trop répéter que le soin le plus important de l'homme, qui est chargé de punir, est de bien connoître le délit sur lequel il va prononcer.

Il n'en est pas des soldats comme du commun des citoyens. Nos loix défendent les perquisitions sur tout autre objet que celui qui fait la matière de l'accusation. Mais dans le militaire, pour l'observation exacte de la discipline, il est essentiel que l'on connoisse le caractère, les mœurs, et les intérêts des hommes qui servent, ET QUE LE PASSÉ VIENNE AIDER A ÉCLAIRER LE PRÉSENT.

Tremblez de punir l'innocence, et prononcez ensuite. Étudiez les probabilités; mais, bien plus encore, étudiez les hommes eux-mêmes. Tel est le but de ma proposition au sujet de l'établissement dans chaque régiment d'un CONTRÔLE GÉNÉRAL CENSORIAL. Ce répertoire militaire de la conduite des différens individus qui composent chaque régiment, est une institution heureuse qui, en conservant dans ses justes limites la discipline militaire, opérera que LE PASSÉ VIENNE AIDER A ÉCLAIRER LE PRÉSENT.

blir la justice des réclamations plus ou moins bien fondées des soldats contre les décisions arbitraires de leurs officiers, 4°. et de procurer au commissaire des guerres chargé de la police du régiment, l'emploi satisfaisant, soit dans le cours de ses visites journalières auprès des soldats, soit en faisant venir chez lui les soldats répréhensibles, de les instruire de leurs devoirs , et de leur faire sentir les suites désavantageuses pour eux de leurs écarts.

J'ai goûté, pendant trop peu de temps pour mon ame, le plaisir inestimable de l'exercice de ces belles fonctions ! c'étoit à la frugalité de ma table, ornée quelquefois par la présence généreuse de MM. les Officiers, et par la présence reconnoissante de leurs soldats méritans, qu'en nous honorant réciproquement de cette manière les uns et les autres, par ce rapprochement fraternel, nous instruisions sentimentalement, et ostensiblement en même temps, ces braves soldats.

Tel sera l'esprit de toutes mes combinaisons politiques pour prévenir, pour anéantir même les désertions. Tel est l'esprit de toutes les ordonnances militaires, paternelles de Sa Mejesté, qui ne s'altèrent dans leur exécution que par le défaut de profondeur des formalités prescrites, tant pour les remplir, que pour en diriger et en surveiller le cours de la justice qui en est la base.

MODÈLE

D'UN CONTRAT D'ENRÔLEMENT.

Régiment de...........

Nous soussignés, sommes convenus de ce qui suit :

C'est à savoir :

Que moi................ m'engage de ma propre volonté, et sans contrainte, à servir le Roi pour la défense de ma patrie, en qualité de soldat, pendant l'espace de huit ans, à condition de recevoir mon congé absolu à l'expiration de ce terme, conformément à l'ordonnance ; et pour prix du présent engagement, la somme de...... comptant, et celle de...... en un billet payable au régiment.

Je déclare n'avoir aucune infirmité cachée qui puisse m'empêcher de servir LE ROI, et n'être engagé dans aucune de ses troupes, soit de terre, soit de mer ; en conséquence je promets de servir avec FIDÉLITÉ ET HONNEUR, et de me comporter dans toutes les occasions en honnête et brave soldat.

Je certifie être âgé de......, natif de...... paroisse de........ diocèse de........ province de....... généralité de...... de la religion..... fils de....... et de.......

Et moi, colonel du régiment de........ m'engage, pour et au nom de SA MAJESTÉ, vis-à-vis le susnommé, en vertu des ordres qu'elle m'en a donnés, de n'exiger dudit susnommé........ recrue, pendant tout le temps de son engagement, que ce qui est prescrit par les ordonnances militaires, pour raison de son service ; de veiller et de porter tous mes soins à ce que de la part de qui que ce soit il n'y soit transgressé vis-à-vis de lui dans aucune circonstance.

Fait double entre nous à...... ce..... 179... un desquels doubles du présent contrat d'enrôlement a été remis audit susnommé........... recrue, pour lui servir et valoir ce que de raison.

QUELLE SEROIT LA MANIÈRE

De donner au contrat d'enrôlement plus de force et d'authenticité ?

Ce seroit de faire prêter le serment par le soldat recrue, en présence de tout le régiment assemblé en grande tenue, entre les mains du commissaire des guerres chargé de la police, qui feroit, à haute et intelligible voix, la lecture du contrat d'enrôlement. Le recrue jureroit de faire de bon cœur tout ce qu'on lui commanderoit, de ne jamais déserter. Il promettroit de tenir toutes les conditions de son contrat ; d'obéir aux officiers et sous-officiers ; de faire le possible pour exécuter leurs ordres ; de ne point se retirer par crainte devant l'ennemi, et de sacrifier sa vie pour la défense de l'Etat.

Réciproquement le commandant du régiment, au nom du Roi, s'engageroit solemnellement à remplir toutes les conditions du même contrat d'enrôlement, et à rendre toujours justice au nouveau soldat.

C'est bien avec raison que les bons officiers demandent pourquoi on a aboli, négligé ou défiguré ces anciennes pratiques de police militaire. Leurs signes permanens, leur appareil religieux imprimoient aux guerriers la crainte de faillir et le respect pour les engagemens qu'on avoit pris.

Comme l'on ne sauroit trop renouveler les choses utiles, afin qu'elles fassent une impression plus durable, chaque année, le jour de Saint Louis, quelque part que se trouvassent les troupes, on prendroit les armes dès le grand matin ; on se formeroit en carré à centre vide, on feroit plusieurs décharges d'artillerie, et en présence d'un officier-général pour le Roi, les soldats renouvelleroient solennellement leur serment envers le Roi et l'État, et l'officier général au nom du Roi et de l'État, envers les soldats. Après cette cérémonie, les armes mises aux faisceaux, le soldat ne s'occupperoit qu'à passer le reste de la journée dans la joie et le plaisir.

On inviteroit à cette fête, qui se passeroit sous la toile, les officiers municipaux du lieu où on la célébreroit; on y inviteroit aussi tous les officiers et soldats vétérans ou invalides, qui viendroient se joindre à leurs anciens camarades, pour célébrer la fête de leur Roi, et rendre la prestation du serment plus authentique et plus inviolable.

L'imagination me séduit, et je ne puis pas songer à ce jour de fête avec indifférence, lorsque je me figure ces anciens défenseurs de la patrie, mêlés avec cette brave et brillante jeunesse, se louer de leur état, et encourager ceux qui les remplacent à être toujours bons citoyens et braves soldats.

Ne pourroit-on pas espérer, sans prévention, que ces différentes formalités serviroient à multiplier les recrues? Elles seroient peut-être en même-temps le préservatif le plus puissant contre ces mouvemens inquiets et irrésistibles, qui dans la formation actuelle déterminent trop souvent le soldat à la désertion, malgré la terreur du châtiment capital dont son crime est menacé.

Ce ne sera jamais qu'après avoir fondé le contrat d'enrôlement sur des principes politiques aussi justes; qu'après l'avoir revêtu légalement et militairement de toutes ces différentes formalités, qu'un profond législateur, en anéantissant, par leur institution salutaire, la plus grande partie des causes principales des désertions ci-après détaillées, pourra avec justice se livrer à l'établissement des lois pénales relatives aux diverses infractions qui peuvent y être portées par les parties contractantes.

CAUSES PRINCIPALES

Des desertions.

1.° Du peu d'importance, dérivant de leur inscience, que les citoyens qui embrassent l'état militaire mettent dans leurs engagemens, ne les ayant contractés, pour la plus grande partie, que dans des momens de dissipation, comptant trouver dans ce nouvel état une indépendance attrayante, quoique pernicieuse pour eux, qu'ils n'espéroient point pouvoir se procurer sous les yeux de leur père et mère, ou dans le sein de leur famille.

2.° Des moyens condamnables employés par la plus grande partie des personnes chargées de faire contracter ces différens engagemens, qui ne peuvent avoir des principes plus solides que ceux qui les ont toujours dirigées.

3.° Du peu de fidélité de ces mêmes personnes dans les engagemens qu'elles ont fait contracter à des jeunes gens qu'un moment de liberté a séduits, auxquels ils éclipsent même la plus grande partie des foibles sacrifices pécuniaires qu'ils ont faits pour faire contracter ces engagemens, soit par la mauvaise foi, soit par la débauche dans laquelle elles entretiennent ces nouveaux engagés à leurs propres dépens, jusqu'à l'instant de leur départ pour rejoindre les différens corps pour lesquels ils sont destinés.

4.° Du dégoût résultant nécessairement de ces premiers moyens employés pour leur faire contracter leurs engagemens, qui ne leur laissent que des regrets, après avoir sacrifié légèrement les ressources momentanées qui en étoient le fruit ; de sorte qu'en arrivant à leurs corps, n'ayant rien pour se procurer le plus étroit nécessaire, ils se trouvent dans une pénurie désespérante, qui ne leur prouve que trop tardivement le charlatanisme honteux qu'on a employé vis-à vis d'eux, pour leur donner abusivement le caractère honorable de défenseurs de la patrie.

5.° Du peu de confiance que ce début peu méritant leur attire de la part de leurs officiers, qui ne les jugent que très-superficiellement, en ignorant ou voulant ignorer les causes originaires qui ont motivé cette pénurie, dérivant uniquement de l'inconduite criminelle de la plus grande partie des personnes qu'ils emploient pour faire des recrues.

6.° Des travaux forcés et d'une surveillance inquiétante que les régimens destinent à ces mêmes recrues, qui voyant leurs espérances trompées sans ménagement, touchant la liberté dont on les avoit bercés, cherchent à la réaliser imaginairement, et bien malheureusement pour eux, par la désertion.

7.° Du désespoir qu'ils puisent à longs traits, soit dans les traitemens, soit dans l'instruction qui leur est donnée par leurs sous-officiers, auxquels on abandonne, en général, trop aveuglément la conduite, tenue et discipline de ces mêmes recrues.

8.° Des punitions fréquentes qui leur sont infligées pour de légères négligences, qu'il seroit très-facile de prévenir par des instructions préalables, lesquelles ne proviennent, pour la plupart, que de défaut de légèreté, et non point d'insubordination.

9°. De

9.° De la multiplicité des services minutieux et fatigans dont on charge ces nouveaux recrues, qu'on devroit au contraire surveiller avec la plus grande attention, pour les amener insensiblement à connoître les devoirs de leur état, afin de les engager à les remplir avec zèle et satisfaction, et non point en les en éloignant par une servitude constante, qui leur fait regretter bien amèrement cette gène idéale et momentanée qu'ils supportoient dans la maison paternelle.

10.° Des préférences peu réfléchies qu'on accorde à leurs camarades, soit plus nouveaux, soit plus anciens qu'eux, pour jouir d'une liberté limitée ou absolue, en faisant des sacrifices pécuniaires, que leur pénurie originaire les met dans l'impossibilité de réaliser.

11.° Des préférences arbitraires qui sont accordées à leurs camarades pour passer à des grades de sous-officiers, dont ils sentent journellement, et trop souvent amèrement, l'autorité qui leur a été donnée sur eux, sans autre mérite, très-souvent, que la faveur.

12.° Et du peu de fidélité qu'on emploie vis-à-vis d'eux, lors de l'expiration de leurs engagemens.

J'OBSERVERAI, au sujet des loix militaires-pénales, qui ont été jusqu'alors promulguées pour les désertions, que les différens ministres de la guerre, qui les ont conçues, se sont laissés guider par un patriotisme trop rigide; qu'entraînés par les principes ardens et généreux de leurs ames magnanimes, ils n'ont considéré dans les fautes, délits et crimes prévus par ces mêmes loix, que leur énormité relative, qui s'étendoit sur toute la nation, qui a confié ses intérêts généraux à ses défenseurs; c'est pourquoi ils n'ont point aperçu avec assez d'étendue les différentes et justes nuances dont ces mêmes fautes, délits et crimes pouvoient être colorés, de manière que tout prévaricateur militaire du pact social leur a paru mériter presque indistinctement, ou sous des proportions trop peu sensibles, les mêmes peines. En conséquence de ce patriotisme trop rigide, ils ont fait exécuter aussi littéralement que rapidement les loix pénales qui y étoient relatives.

Je conviens que les fautes, les délits et les crimes doivent toujours être appréciés suivant le rapport de leur énormité; que la nation, d'après les sacrifices immenses et nécessaires qu'elle fait et doit faire pour sa conservation et sa sûreté, tant intérieure qu'extérieure, doit tout attendre de la fidélité de ses défenseurs, conformément à leurs engagemens contractés à ce sujet entre les mains des mandataires de son Souverain; qu'en conséquence, toutes les fois qu'ils s'écartent de leurs devoirs, cet oubli inattendu de leur part doit être puni suivant le rapport de son énormité; mais, en les condamnant, on ne doit jamais oublier que ce sont nos compatriotes, qu'ils méritent de l'indulgence, qu'ils ont des peines et des fatigues réelles, et qu'il n'est pas étonnant qu'en perdant momentanément de vue leurs devoirs, ils cèdent quelquefois à l'envie de s'en délivrer.

Un profond législateur ne perdra jamais de vue ce principe.

La rigueur des peines doit être relative à l'état actuel de la nation.

Chez un peuple à peine sorti de l'état sauvage, les esprits endurcis ne seront frappés que par les plus fortes et les plus sensibles impressions. C'est à la foudre à terrasser le lion furieux, que les coups de fusil ne font qu'irriter sans lui nuire; mais à mesure que les ames s'amollissent dans l'état social, elles deviennent plus sensibles ; et si l'on veut alors conserver les mêmes rapports entre l'objet et la sensation, il faut rendre les supplices moins rigoureux.

THÉORÈME GÉNÉRAL.

« *Pour que tout châtiment ne soit pas un acte de violence exercé par un seul ou par plusieurs contre un citoyen, il doit essentiellement être public, prompt, nécessaire, proportionné au délit, dicté par les loix, et le moins rigoureux possible dans les circonstances données* ».

Eh, qu'est-il besoin de faire mourir des Français pour leurs fautes ! Ils sont si sensibles à L'HONNEUR ! Commençons d'abord par les en faire rougir ; et s'il reste encore des coupables, conservons-les à la patrie, et rendons-les utiles par leur châtiment. Quel parti en effet ne peut-on pas tirer d'une nation plus faite pour être gouvernée par les mœurs que par les loix ? Incapable de grands crimes, et de constance dans le mal, la note d'infamie, cette peine importante et si délicate, la seule peut être qui convienne à la nation, pourroit devenir le supplément à beaucoup d'autres : le bannissement, en en fixant l'étendue suivant les fautes ; la peine des galères, sur tout si l'on en avoit de terre, et qu'on employât les coupables aux travaux publics, les plus pénibles et les plus dangereux. (*) Enfin, ne pourroit-on pas tirer un

(*) La Russie peuple ses déserts de ses criminels ; l'Angleterre en recrute ses colonies ; l'Allemagne les met dans

grand parti de toutes ces peines, qui laissant au coupable le repentir, s'en servent encore utilement pour la patrie.

Uniquement dirigé par la justice des principes que j'ai préliminairement présentés, je vais me

---

ses galères de terre; l'Afrique les échange contre des denrées; Athènes excluoit ses déserteurs des assemblées du peuple, et leur fermoit les portes du temple; les Étruviens les condamnoient à paroître en public avec un habit de femme; à Rome on les vendoit comme esclaves; ailleurs on leur fendoit le nez et les oreilles.

Il est visible, comme le dit M. DE MONTESQUIEU, que pour un soldat accoutumé à la mépriser, la mort est une peine légère: il ne peut donc être que très-avantageux de conserver la vie aux déserteurs, et d'intimider les soldats par des peines plus durables.

Ce n'est pas en ôtant la vie au coupable, qu'on peut le corriger et le rendre meilleur: croyons au contraire qu'une heureuse conjoncture peut ramener au bien celui qu'un funeste hasard avoit entraîné vers le mal.

Si la vraie philosophie avoit toujours prêté son flambeau à la loi, on auroit senti que l'exemple, pour opérer, a besoin d'agir sans interruption. Un mauvais quart-d'heure est bientôt passé, disoit un brigand fameux; croit-on que ses semblables répéteroient ces mots communs parmi eux, si la souffrance, au lieu d'être concentrée dans les bornes étroites d'un quart-d'heure, se prolongeoit sur une durée de plusieurs mois, de plusieurs années, de la vie même? Croit-on que l'impression de l'exemple n'eût pas plus de pouvoir, si le coupable se montroit tous les jours aux yeux de ses concitoyens, courbé sous le poids de ses chaînes et de son travail, portant sur son front un caractère d'opprobre, appelant la mort, et ne trouvant que la peine, annonçant à ses semblables que la vengeance atteint tôt ou tard la faute, le délit, le crime, et qu'elle appesantit alors le fardeau de la vie?

C'est l'impunité des crimes, et non pas la modération des peines, qui occasionne les fautes.

Que les jambes des criminelles soient toujours chargées

permettre de tracer les corrections, peines et châtimens encourus par les déserteurs, suivant les différens rapports de leurs fautes, délits et crimes. Je n'adopterai pas les punitions anciennement prescrites par les loix militaires-pénales, concernant la désertion ; ayant toujours envisagé, 1.° comme contraire à la DIGNITÉ de l'état du soldat français, de punir ses camarades déserteurs, par une prolongation plus ou moins grande de services ; 2.° comme incompatible avec L'HONNEUR, inséparable de leurs fonctions, d'en faire l'exécuteur des punitions prononcées contre les déserteurs.

Le grand art d'un législateur militaire est de se servir pour conduire les hommes, DE L'HONNEUR, DU PATRIOTISME ET DES RÉCOMPENSES. Tels sont les moyens les plus flatteurs et qui doivent le mieux réussir avec des soldats français. L'esclave combat à regret pour sa prison et pour sa chaîne. Le citoyen libre et content qui aime son ROI et qui en est aimé, défend le SCEPTRE comme son appui, le TRÔNE comme son asyle ; et en marchant pour la patrie, il y voit par-tout ses foyers.

Plus les cœurs sont enflammés du desir de la gloire et de l'amour de la patrie, plus la discipline approchera de la perfection.

---

de fer ; que leurs bras ne restent libres que pour devenir des instrumens de peines ; que l'on grave sur leur joues, en traits ineffaçables, les caractères distinctifs de leurs fautes ; que le soleil ne se lève que pour leur faire éprouver dans de pénibles travaux un nouveau genre de mal-être ; qu'on les emploie aux ouvrages publics, aux fortifications, sur nos grands chemins, et qu'on n'oublie jamais QU'UN HMOME MORT N'EST BON A RIEN.

Le motif de L'HONNEUR est un aiguillon extrêmement puissant pour engager le soldat français à la pratique de ses devoirs et aux choses utiles à l'Etat. Mais il faut encourager et exciter cet amour de nous-mêmes, lorsqu'il est dirigé vers la gloire.

Amour des honneurs et de la gloire, attachement pour la patrie, telle est la base la plus assurée de la discipline militaire. Mais sans les châtimens, sans les récompenses, on compteroit sans doute inutilement sur ces vertus, et il faut se servir de ces mobiles puissans pour maintenir la discipline et s'assurer d'excellens soldats.

PREMIÈRE PARTIE.

DE LA DÉSERTION.

« In vindicandis injuriis, hæc tria lex secuta » est, quæ PRINCEPS quoque sequi debet, ut eum » quem punit, emendet; aut ut pœna ejus cœteros » meliores reddat; aut ut, sublatis malis, securio» res cœteri vivant. »

(Sénéque.)

« Comme toutes les institutions, et sur-tout les » loix militaires, doivent tendre à fortifier l'es» prit national, et le sentiment d'honneur qui » anime toutes les classes de la nation française, » les députés supplieront le Roi d'ordonner, que » la discipline militaire ne puisse désormais infli» ger aucune punition corporelle, que pour des

» fautes qui entraîneront avec elles la privation de » L'HONNEUR. »

(Des cahiers de la noblesse d'Arras, à ses députés aux États-généraux. Page 30.)

CHAPITRE PREMIER.

Des fautes, des délits et des crimes commis par les soldats déserteurs.

« Sic igitur leges civitatibus conscribantur, ut » patris matrisque personam lator legum penitùs » gerat, scriptaque caritatis prudentiæque vir- » tutem habeant potiùs quàm domini tyrannique » imperium minitantis tantùm et describentis, ra- » tionem verò nullam penitùs assignantis. »

(Plat. *de Legibus*, Dialog. 9.)

« Que le code militaire soit invariablement fixé » suivant l'esprit de la nation, et que les puni- » tions qui y seroient insérées, soient conformes » à ce même esprit. »

(Des cahiers de la noblesse de Troyes, à ses députés aux États-généraux. Art. 32.)

« La noblesse accoutumée à regarder L'HONNEUR » comme le premier mobile des français, et con- » sidérant que le soldat, en se dévouant à la » patrie, n'a jamais pu renoncer à son titre, ni à » ses droits de citoyens, supplie LE ROI de vouloir

» bien écouter son vœu, et de vouloir bien supprimer désormais dans les troupes, les coups de plat de sabre, et toute autre punition arbitraire du même genre. »

(Des cahiers de la noblesse du Nivernois et Donziais, à ses députés aux États-généraux. Page 34.)

« La punition des coups de plat de sabre doit » être abolie, cette punition barbare, à laquelle les » français ne se soumettent jamais, nous a, depuis » son institution, enlevé de braves soldats. »

(Des cahiers de la noblesse d'Auxerre, à ses députés aux États-généraux. Art. 92.)

La faute tient de la foiblesse humaine, elle va contre les règles du devoir.

Le délit part de la désobéissance ou de la rebellion contre l'autorité légitime.

Le crime part de la maladie du cœur; il est contre les loix de la nature.

Il faut pardonner la faute, examiner la nature du délit, et punir le crime.

Si jamais on n'eût perdu de vue la proportion des fautes, (*) puniroit-on avec autant de sévé-

(*) Pour le grand nombre des hommes, la vie est une charge bien lourde : ce n'est qu'afin d'en diminuer le poids que l'homme est souvent coupable : un soldat ne déserte que pour se remettre en liberté. Quel mal lui fait-on donc en l'envoyant au supplice? On lui procure une peine plus douce que celle à laquelle il étoit exposé tous les jours. On le délivre, par le moyen de la mort, d'un fardeau qu'il avoit cherché à rendre plus facile à porter en désertant.

Il faut envisager davantage le bien public; et ainsi que

rité celui que le mauvais exemple a séduit et que la crainte a fait persévérer dans sa faute, et celui qui a donné le mauvais exemple? Si l'on se servoit de punitions plus appropriées aux délits et au génie de la nation, les fautes seroient plus rares,

---

cet Athénien dont parle Theucydide, il ne faut condamner un citoyen à la mort, que lorsqu'on y trouve quelqu'utilité.

Quel est le militaire qui n'a pas assisté à quelques-unes de ces exécutions si révoltantes pour l'humanité? Quel est celui dont le cœur ne s'est pas fortement ému à la vue de ce soldat qui, quelques jours auparavant, avoit combattu avec eux, et qui peut-être avoit sauvé leur vie en donnant des preuves de sa valeur? Combien n'en a-t-on pas vu marcher fièrement au supplice, reconnoître leurs camarades, leur rappeler ce qu'ils ont fait ensemble, retracer à leurs officiers les occasions où ils ont été couverts de blessures en combattant à leurs côtés, et embrasser enfin les soldats qui vont les supplicier. Ne m'imitez jamais dans ma faute, a-t-on entendu dire à quelques-uns; mais n'oubliez pas que je ne fus coupable qu'une fois, et brave pendant vingt ans; que je meurs après avoir long-temps défendu ma patrie, et que je finis avec plaisir une vie qu'une faute légère, dans la réalité, ne peut pas déshonorer.

Qui peut ignorer que dans le moment de ces exécutions que l'on fait avec tant d'appareil pour en imposer aux soldats, bien loin d'intimider ces hommes braves et courageux, il arrive souvent que plusieurs d'entre eux saisissent ce moment pour déserter? Fuyons, disent-ils, un pays où l'on récompense aussi mal les services rendus, et où une faute qu'on nous force souvent de commetre est punie de mort, et efface toutes nos actions.

Un vieux grenadier avoit pris un choux : il revenoit au camp; on l'arrête comme maraudeur; il alloit être perdu. M. de Turenne passa. Mon général, lui dit le grenadier, j'ai combattu long-temps sous vos ordres; voyez mon corps couvert de blessures; j'ai contribué à vos victoires; souffrirez-vous qu'un compagnon de votre gloire la voie ternir dans un instant pour avoir fait contribuer l'ennemi d'un misérable choux? Il eut sa grace. Peut-on imaginer que la peine fût proportionnée au délit?

et l'on auroit bien moins souvent besoin de punir des citoyens.

Mais si l'on a mal divisé les délits, on a bien plus mal déterminé les peines. Quand je réfléchis sur cette matière importante, je crois être entouré des malheureux qui ont été la victime de nos préjugés et de nos anciennes coutumes ; je me représente encore ceux à la condamnation et au supplice desquels j'ai été obligé d'assister ; la pitié m'agite, des larmes coulent de mes yeux, et j'envie à mon Roi le pouvoir de diminuer les maux de mes concitoyens et de mes compagnons.

Que je serois heureux, si je pouvois contribuer à détruire cette superstition politique, qui consacre tous les usages anciens, et proscrit le bien même qui ne s'est pas encore fait !

SECTION PREMIÈRE.

DES FAUTES

COMMISES PAR LES SOLDATS-RECRUES DÉSERTEURS.

DES CORRECTIONS

QUI LEUR SERONT INFLIGÉES

« *Heureux, lorsque le peuple, instruit dans son devoir,*
« *Respecte autant qu'il doit le souverain pouvoir !* »

Les recrues qui n'auront pas précédemment servi, ne seront considérés à l'avenir, pendant la première année de leur engagement contracté dans les formes ci-devant prescrites, que comme des ÉLÈVES-SOLDATS. Il sera, en conséquence, établi dans chaque régiment, une école d'instruction qui sera dirigée par un officier expérimenté, choisi et nommé à cet effet par le colonel du régiment. Cet officier demeurera chargé d'instruire une fois par semaine tous les recrues, élèves-soldats, des différentes dispositions des ordonnances et règlemens militaires, relatives aux fonctions honorables du soldat et à ses devoirs. Le recrue ne pourra être reçu et élevé au grade de soldat, que d'après un examen qu'il subira, au sujet de l'instruction qu'il aura reçue concernant ses fonctions et ses devoirs, en présence de tous les officiers de sa compagnie, présidés par un officier supérieur du régiment, auquel assistera le commissaire des guerres, chargé de la police du régiment. Ce dernier dressera un procès-verbal de la réception du recrue au grade de soldat. Il le lui fera signer, sinon, sera fait mention qu'il ne le sait, ainsi qu'à l'officier chargé de diriger l'école d'instruction, à tous les officiers de la compagnie dont sera ledit recrue, à l'officier supérieur du régiment, qui aura présidé lors de ladite réception. Il sera fait *trois expéditions* de ce procès-verbal de réception; la première, pour le soldat reçu; la deuxième, pour le régiment, dont il sera fait mention sur le contrôle général d'icelui, à l'article du soldat; et la troisième, pour être adressée au secrétaire d'état ayant le département de la guerre, par le commissaire des guerres, qui fera pareillement mention de cette réception sur le contrôle général dudit régiment, qu'il a entre ses mains.

Cette réception particulière sera renouvelée le dimanche suivant, en la présence de tout le régiment, avant l'heure de la messe. Le soldat reçu, après la lecture qui aura été faite à haute et intelligible voix, de son contrat d'enrôlement, par le commissaire des guerres, prêtera le serment entre les mains du commissaire des guerres. Il jurera de remplir exactement pendant tout le temps de son engagement, les devoirs de sa nouvelle profession, de suivre ponctuellement toutes les dispositions des ordonnances et réglemens militaires dont il auroit été instruit, desquels il déclareroit avoir une parfaite connoissance; il promettroit en homme D'HONNEUR, de tenir toutes les conditions de son contrat d'enrôlement, d'obéir à ses officiers et sous-officiers, en tout ce qu'ils lui commanderoient pour le service du Roi, de faire son possible pour exécuter leurs ordres, de ne point se retirer par crainte devant l'ennemi, et de sacrifier sa vie pour la défense de la patrie.

De sa part le colonel ou commandant du régiment, au nom du Roi, promettroit et s'engageroit, tant pour lui que pour tous les officiers du régiment, à n'exiger dudit soldat reçu, pendant tout le temps de son engagement, que ce qui seroit ponctuellement prescrit à son égard par les ordonnances et réglemens militaires rendus par Sa Majesté.

Cette réception ainsi faite, et les sermens réciproques ainsi prêtés, en présence de tout le régiment, tant par le soldat reçu, que par le colonel, ou le commandant d'icelui, il sera, au même instant, remis par le commissaire des guerres, audit soldat reçu, 1°. une copie desdits sermens, signée de lui; 2°. et un exemplaire des loix militaires-pénales, concernant les fautes et délits capitaux des soldats, des corrections, punitions et châtimens qui en seront inévitablement la suite.

Le recrue, par cette instruction préliminaire, parvenu et élevé au grade de soldat, avec les formalités imposantes ci-devant prescrites, qui lui en feront connoître *la dignité*, s'identifiant alors avec l'esprit des loix sublimes de l'honneur, apprendra sentimentalement à connoître ses devoirs, à juger sainement de ses fautes, à en rougir, et à craindre les justes corrections qu'il encourra par ses écarts.

« *Le Trône auguste et saint qu'environne la crainte,*
« *Seroit mieux affermi, s'il l'étoit par l'amour;*
« *En faisant des heureux, un* Roi *l'est à son tour.*

Cette institution militaire, nationale et paternelle, ainsi établie dans chaque régiment des différentes armes de l'armée Française, les fautes commises par les recrues, ou élèves-soldats, pour les causes de désertion ci-après détaillées, seront punies par les corrections suivantes.

« *Mais l'extrême justice est une extrême injure,*
« *Il ne faut pas toujours écouter la rigueur.*
« *Des loix que nous suivons, la première est l'*HONNEUR.

ARTICLE PREMIER.

Tout homme de recrue, n'ayant jamais servi, qui s'étant engagé dans les formes prescrites, aura disparu sans permission, du lieu où il s'est engagé, s'il est repentant de sa faute et qu'il joigne son régiment dans l'espace de deux mois, à dater du jour où il a disparu, il y profitera de la grace du retour volontaire. Il sera privé de L'HONNEUR de porter l'uniforme de son régiment pendant *un mois;* il y sera suppléé par un habit de punition.

Au-delà du terme de deux mois, ledit homme de recrue ne sera plus admis au retour volontaire.

I I.

S'il est arrêté, soit pendant ces deux mois et sans avoir profité de cette grace, soit après qu'ils seront expirés, il sera conduit à son régiment. Il y sera revêtu pendant *deux mois* d'un habit de punition. Il sera privé pendant le même temps de L'HONNEUR de manger avec ses camarades.

Il sera destiné dans chaque caserne, une chambre particulière pour tous les recrues fautifs des différentes compagnies d'un régiment, dans laquelle ils seront conduits avec leur habit de punition, à l'heure des repas, par un sous-officier de police qui y restera tout le temps, et leur fera observer entre eux le plus rigoureux silence.

I I I.

Si l'homme de recrue, dans ce premier cas, a déjà servi, devant être mieux instruit des ordonnances militaires qu'il a transgressées, il faut qu'il soit plus fortement puni. Indépendamment de la correction exprimée dans l'article premier, il sera conduit pendant le même temps, par le prévôt du régiment, dont il sera parlé ci-après dans la section deuxième, tous les jours à l'heure de la garde montante, sur la place de la ville où le régiment sera en garnison ou en quartier.

Cette deuxième correction, dans tous les cas où elle sera décernée, privera le fautif, pendant le temps de sa durée, de L'HONNEUR de manger avec ses camarades.

S'il est arrêté, indépendamment des corrections prescrites par l'article II, il sera en outre conduit pendant *deux mois*, de la manière susdite, par le prévôt du régiment.

I V.

1°. Si un homme de recrue, parti du lieu où il s'est engagé pour joindre son régiment avec un ou plusieurs recrues, s'est évadé de sa route, et que cependant il joigne son régiment dans l'espace de deux mois, à dater du jour où il s'est évadé, il y profitera de la grace du retour volontaire; mais comme sa faute est devenue plus grave que celle prévue par l'article premier, par le mauvais exemple qu'il a donné par son évasion, aux autres recrues avec lesquels il est parti du lieu où il s'est engagé pour joindre son régiment, il subira pendant *six semaines*, la correction simple prescrite par l'article premier.

2°. S'il est arrêté pendant ces deux mois, ou après ce terme, il sera conduit à son régiment ; indépendamment des corrections prescrites article II, il sera conduit pendant *un mois*, par le prévôt du régiment, de la manière prescrite par l'article III.

3°. Si ledit homme de recrue a déjà servi, dans le premier cas des premières dispositions du présent article, profitant de la grace du retour volontaire, indépendamment des corrections prescrites par l'article III, il fera pendant le même temps, toutes les corvées du dedans, telles que le balayage des chambres, sciage et portage de bois, nettoyage des habits et armes des absens ou servans à l'hôpital, corvées de magasin du régiment, et autres de ce genre dans les bâtimens du quartier.

4°. Si ledit homme de recrue a déjà servi, est arrêté pendant ces deux mois ou après ce terme, il sera conduit à son régiment. Il subira toutes les corrections prescrites par l'article III, pendant *trois mois*, et fera pendant le même temps, toutes les corvées du dedans.

V.

Si l'homme de recrue parti seul du lieu où il s'est engagé, et muni d'une route qui fixe le jour où il doit arriver à son régiment, n'a pas suivi la route et joint ce régiment audit jour; qu'il ne puisse pas justifier son retard par un certificat de maladie valable, et que cependant il joigne ensuite son régiment dans l'espace de deux mois, à à dater du jour où il eût dû y arriver, il profitera, comme dans le cas de l'article premier, de la grace du retour volontaire; mais étant plus fautif que dans le cas prévu par l'article premier, s'étant écarté de ses devoirs muni d'une route, ce qui annonce une prévarication plus compliquée et plus étendue de sa part, tant aux conditions de son contrat d'engagement, qu'à la confiance qui lui a été témoignée pour joindre son régiment sur sa parole, il subira la correction prescrite par les premières dispositions de l'article IV.

S'il est arrêté, il subira les corrections prescrites par les secondes dispositions de l'article IV.

S'il est parti avec un ou plusieurs recrues, profitant de la grace du retour volontaire, il subira les corrections prescrites par les secondes dispositions de l'article III.

S'il est arrêté, il subira les corrections prescrites par le nombre trois de l'article IV.

S'il a déjà servi, étant parti seul muni d'une route, profitant de la grace du retour volontaire, il subira les corrections prescrites par le nombre trois dudit article IV.

S'il est arrêté, il subira les corrections détaillées dans le nombre quatre dudit article IV.

S'il est parti avec un ou plusieurs recrues muni d'une route, profitant de la grace du retour volontaire, il subira toutes les corrections détaillées dans le nombre trois dudit article IV, pendant *quatre mois*.

S'il est arrêté dans ce dernier cas, il subira pendant *cinq mois*, toutes les corrections détaillées dans le nombre quatre dudit article IV.

V I.

Lorsque les officiers, sous-officiers et soldats

auront engagé des hommes de recrues, et qu'ils voudront les faire partir pour joindre leurs régimens, ils délivreront à chacun d'eux, s'il voyage seul, ou à celui qui les conduira, s'ils voyagent plusieurs ensemble, 1°. Une route indicative des villes et lieux par lesquels ils devront passer pour se rendre aux garnisons ou quartiers de leurs régimens, fixant leurs journées de marche et le jour de leur arrivée; dont il sera en même temps fait note sur leurs contrats d'engagement, 2°. Un imprimé des dispositions des articles contenus dans cette première section, afin que les recrues ayent une connoissance des corrections qu'ils encourront par leurs différens écarts. Lequel imprimé, les recrues seront tenus de rapporter à leurs régimens, qui les convaincront par cette remise, des soins que les officiers, sous-officiers et soldats auront préliminairement apportés pour instruire les recrues de leurs devoirs. Les états-majors des régimens auront soin, en conséquence, de munir d'imprimés d'engagemens, de routes et des dispositions de cette première section du code militaire pénal, dans les formes requises par les ordonnances militaires, les officiers, sous-officiers et soldats qui iront en recrue, de même que les officiers de semestre, qui, conformément à leur zèle pour le service du Roi, en coopérant, quoique volontairement, par leurs soins à une bonne composition de leur régiment, voudront se livrer au travail aussi honorable que méritant des recrues.

Le terme de deux mois, fixé au retour volontaire pour ceux qui seront dans le cas de profiter de cette grace, sera compté du jour qui leur aura été marqué sur leurs routes et sur leurs engagemens pour joindre.

VII.

Lorsqu'un homme de recrue, soit qu'il soit évadé ou qu'il n'ait pas joint son régiment au terme qui lui aura été fixé, voudra profiter de la grace du retour volontaire, il pourra se présenter au commissaire des guerres de la ville où il se trouvera ou de la ville la plus proche, ou au défaut d'un commissaire des guerres, à un officier de maréchaussée ; ou s'il se trouve à Paris, au commissaire-ordonnateur. Il lui déclarera son engagement, par qui et pour quel régiment ; son évasion du lieu où il s'est engagé ou de la route, ou son retard à rejoindre, et il y spécifiera les dates et les circonstances. Il affirmera qu'il est dans l'intention de réparer sa faute et de joindre son régiment au plutôt, et par le chemin le plus court. Le commissaire-ordonnateur de Paris, le commissaire des guerres, ou l'officier de maréchaussée à qui il se sera adressé, lui expédieront alors un certificat de sa déclaration, valable pour le nombre de jours dont il aura besoin pour faire sa route ; elle sera spécifiée au bas dudit certificat, moyennant lequel, en suivant exactement cette route, il ne pourra être arrêté.

VIII.

Le certificat destiné à assurer le retour du recrue déserteur à son régiment, et à l'empêcher d'être arrêté pendant sa route, ne pourra cependant avoir l'effet d'étendre pour lui la grace du retour volontaire au-delà du terme de deux mois qui lui est accordé ; et ce certificat ne pourra le préserver d'être arrêté dans sa route, lorsqu'il aura outre passé ce terme.

I X.

L'homme de recrue, qui, n'ayant pas joint d'abord son régiment le jour qui lui aura été fixé, profitera ensuite, dans l'espace de deux mois, de la grace du retour volontaire, sera soumis, en arrivant à son régiment, aux formes ci-après établies, section sixième, pour constater cette grace, et les corrections qui deviennent la condition à laquelle elle lui est accordée.

X.

Lorsqu'un homme de recrue, n'ayant point servi, se sera engagé pour deux régimens, et qu'ayant joint celui pour lequel il aura contracté le premier engagement, il y déclarera volontairement le second, il sera jugé, ainsi qu'il sera établi par ladite section sixième, pour tout homme qui profite de la grace du retour volontaire; indépendamment de ce qu'il subira la correction prescrite par l'article premier, il sera privé de ses congés de semestre, dont il ne pourra profiter qu'après avoir acquitté vis-à-vis du second régiment, le prix qu'il aura reçu de son second engagement. C'est pourquoi la retenue lui en sera faite sur les émolumens qui lui reviendront pour raison du service qu'il fera pour ses camarades partis en semestre.

Si l'homme de recrue a déjà servi, indépendamment des corrections prescrites par l'article III, il subira la même privation de ses congés de semestre, et la même retenue.

Le premier régiment rendra à celui pour lequel le second engagement aura été contracté, le prix fixé par les ordonnances militaires.

X I.

Si l'homme de recrue qui n'a pas servi, au lieu de déclarer volontairement le second engagement, est découvert; indépendamment des corrections prescrites par l'article II, il sera conduit par le prévôt du régiment, pendant le même temps, en habit de punition, tous les jours, sur la place de la ville, à l'heure de la garde montante. Il subira la même privation de ses congés de semestre et la même retenue, prescrites par l'article X ci-dessus, aux fins y portées.

S'il a servi, indépendamment des corrections prescrites par le nombre trois des dispositions de l'article IV, il subira la même privation de ses congés de semestre, et la même retenue.

X I I.

Si l'homme de recrue, n'ayant pas servi, engagé pour deux régimens, a joint celui pour lequel il a contracté le second engagement, et qu'il s'y déclare, le major de ce régiment, ayant reçu sa déclaration dans la forme precrite par l'article VII, lui expédiera un certificat de cette déclaration, valable pour le nombre de jours dont il aura besoin pour joindre son premier régiment; et ledit homme de recrue, y arrivant aux termes fixés par sa route qui sera spécifiée sur le certificat, il subira les corrections, privations et retenue prescrites par les premières dispositions de l'article X.

Si l'homme de recrue a déjà servi, il subira les corrections, privations et retenue prescrites par les dernières dispositions de l'article X.

XIII.

Si l'un ou l'autre homme de recrue, au lieu de se déclarer dans ce second cas, est découvert, il subira les mêmes corrections, privations et retenue prescrites chacun à leur égard, par les dispositions de l'article XI.

XIV.

Si un homme de recrue, n'ayant point servi, s'étant engagé pour deux régimens, sans avoir joint aucun des deux, est découvert et arrêté, il sera conduit au premier régiment pour lequel il s'est engagé ; il sera revêtu d'un habit de punition pendant six mois. Il sera conduit pendant le même temps, par le prevôt du régiment, tous les jours, à l'heure de la garde montante, sur la place de la ville. Il sera privé de ses congés de semestre pendant les six premières années de son engagement. Même retenue prescrite par l'article X, lui sera faite aux fins y portées.

Si l'homme de recrue a déjà servi, et est découvert et arrêté, indépendamment des mêmes corrections qu'il subira pendant un an, il sera privé de ses congés de semestre pendant tout le temps de son engagement. Même retenue lui sera faite.

XV.

Tout homme qui aura contracté plus de deux engagemens, ne sera plus reçu à une déclaration volontaire ; et lorsqu'il sera arrêté, il sera livré entre les mains des tribunaux civils, pour y être condamné à être fouetté par le bourreau, marqué d'un V. à l'épaule, et envoyé aux galères perpétuelles. Cette flétrissure, avant son départ pour les galères, lui sera faite et réitérée, quant au fouet seulement, et pour servir d'exemple, par le bourreau des différens endroits où il aura contracté ses divers engagemens. Un exemplaire imprimé de son jugement sera affiché dans chacun desdits endroits, et envoyé aux différens régimens dans lesquels il se sera engagé, pour être affiché dans la cour du quartier de chacun d'eux, par le prévôt du régiment.

XVI.

Si un homme de recrue, n'ayant jamais servi, a donné un faux signalement, il aura un mois pour se déclarer; passé lequel terme, et s'il est découvert, il subira la correction prescrite par l'article 1er. Il sera privé pendant le même temps de L'HONNEUR de manger avec ses camarades. Il fera en présence de tout le régiment assemblé, la déclaration suivante :

« *Je déclare être coupable d'avoir donné un* » *faux signalement lorsque j'ai passé mon contrat* » *d'enrôlement avec M....... je me repens bien* » *sincèrement d'avoir fait cette fausse déclaration.* »

S'il a déjà servi, indépendamment des mêmes corrections et privations pendant deux mois, il fera la même déclaration pendant deux dimanches de suite, en la présence du régiment.

XVII.

S'il est reconnu qu'un homme de recrue ait donné un faux signalement pour se dérober aux poursuites de la justice, il sera condamné à être dégradé en présence de tout le régiment. Le prévôt lui ôtera son habit uniforme, et il sera chassé avec une cartouche jaune. Il sera conduit, pour y être jugé, dans les prisons du siége qui aura pris connoissance de son crime ou délit.

XVIII.

Tout soldat, cavalier, hussard, dragon ou chasseur, ayant été réformé pour infirmités, ou chassé avec une cartouche jaune, et ne l'ayant pas déclaré en se présentant pour contracter un nouvel engagement, sera condamné ; savoir, celui qui aura été réformé pour causes d'infirmités, à être dégradé en présence du régiment ; le prévôt lui ôtera son habit, il sera chassé avec une cartouche jaune, il sera conduit dans les cachots des prisons de la ville, pour y rester pendant six semaines. Celui qui aura déjà été chassé avec une cartouche jaune, sera dépouillé de son habit uniforme qui sera brûlé à l'instant même. Il sera livré entre les mains du bourreau, pour rester fouetté et marqué de la lettre E., comme *escroc* du prix d'un engagement, et envoyé aux galères perpétuelles.

SECTION DEUXIÈME.

DES DÉLITS

DES SOLDATS DÉSERTEURS ADMIS AU RETOUR VOLONTAIRE.

DES PUNITIONS

QU'ILS SUBIRONT A CET EFFET.

Il sera établi dans tout les régimens des différentes armes de l'armée, un *prévôt* dont les fonctions consisteront à exécuter toutes les corrections, à infliger toutes les punitions et tous les châtimens qui seront prononcés par les tribunaux militaires, contre les délinquans déserteurs.

Article premier.

Si un soldat, cavalier, hussard, dragon ou chasseur, s'étant absenté de sa compagnie sans congé, n'est pas rentré dans les deux jours qui suivront celui où il aura manqué à l'appel, et qu'il manque encore à l'appel du matin du troisième, il sera dès-lors regardé comme déserteur, noté comme tel du jour de son absence, sur le contrôle des signalemens, et dénoncé aussitôt par le commandant du régiment au secrétaire d'état ayant le département de la guerre, pour que son signalement soit adressé à toutes les maréchaussées du royaume. Le commandant du régiment donnera directement avis de sa désertion au commandant de la maréchaussée du département dans lequel ce déserteur sera né, ou aura ses parens, ainsi qu'aux officiers de maréchaussée des lieux où il présumera qu'il pourra s'être réfugié, afin que lesdits commandant et officiers de maréchaussée en fassent faire les plus promptes recherches.

II.

Si un soldat, cavalier, hussard, dragon ou chasseur, au lieu de s'être absenté de sa compagnie, s'est absenté de sa garde ou de son détachement; qu'il ne soit pas rentré avec ladite garde ou détachement, et qu'il manque encore à l'appel du matin du lendemain, il sera dès-lors regardé comme déserteur, et toutes les mesures détaillées dans l'article précédent auront leur effet et leur exécution.

III.

Ce qui vient d'être prescrit relativement à la dénonciation de tout soldat, cavalier, hussard, dragon ou chasseur, qui se sera absenté sans permission ni congé, est indépendant des mesures immédiates et promptes qui seront prises pour l'arrêter, à l'instant même où l'on sera averti qu'il manque; et si dès-lors il est arrêté, il subira les peines prononcées ci après contre les déserteurs arrêtés; ne sera seulement exempté d'être jugé comme déserteur, et ne sera pas regardé comme tel, celui qui se repentira assez tôt pour rentrer à sa compagnie avant d'être dénoncé ou arrêté.

IV.

Ainsi tout soldat, cavalier, hussard, dragon ou

chasseur qui, s'étant absenté sans congé, rentrera à sa compagnie avant les termes fixés par les articles Ier. et II, ne sera point jugé comme déserteur, et il sera puni seulement par la discipline du corps.

V.

Celui qui rentrera volontairement à sa compagnie, mais après les termes qui viennent d'être fixés, éprouvera encore dans les cas et ainsi qu'il sera expliqué ci-après, l'indulgence prescrite par les dispositions des articles suivans; il ne lui sera imposé d'autre peine, que de réparer son délit, en subissant la punition qui y sera affectée.

VI.

Sera borné à trois mois pendant la paix, et à dix jours pendant la guerre, le temps qui sera laissé aux regrets et aux remords des déserteurs; et au-delà de ces termes de trois mois ou de dix jours, comptés de celui de leur désertion, ils ne seront plus admis au retour volontaire.

VII.

Celui qui ayant déserté pendant la paix, reviendra volontairement dans l'espace de dix jours, fera une amende expiatoire de son délit, conçue en ces termes :

« *Je déclare être repentant du délit de désertion que j'ai commis contre mes devoirs et mon engagement que j'ai prévariqués : j'en demande très-respectueusement pardon au* Roi. *Je suis désespéré du mauvais exemple que j'ai donné à tous mes camarades, je ferai ensorte par*

» *l'exécution future de mes devoirs, de le leur*
» *faire oublier, et de récupérer l'estime honora-*
» *ble de mes officiers que j'ai malheureusement*
» *perdue par mes écarts.* »

En présence de tout le régiment assemblé en grande tenue, préalablement revêtu par le prévôt du régiment, d'un sarrau de grosse étoffe brune, sur lequel sera inscrit en lettres rouges de très-gros caractères, *déserteur*; il le portera pendant quinze jours, même pendant le temps de ses gardes et de son service. Il sera conduit pendant le même-temps par le prévôt (mais séparément des recrues ou élèves-soldats qui ne sont tenus de porter qu'un habit de punition) tous les jours à l'heure de la garde montante sur la place de la ville où le régiment sera en garnison ou en quartier. Cette punition emportera toujours avec elle pendant sa durée, la privation vis-à-vis du déserteur, de L'HONNEUR de manger avec ses camarades. Il sera conduit par le prévôt, tous les jours, aux heures des repas, dans la chambre destinée pour les recrues ou élèves soldats, mentionnée article II de la première section. Il mangera séparément desdits recrues ou élèves - soldats déserteurs, en la présence du sous-officier de police qui fera observer au soldat déserteur, comme auxdits recrues ou élèves - soldats, le plus rigoureux silence.

VIII.

S'il a déserté pendant la guerre, il subira les mêmes punitions pendant un mois.

IX.

S'il a déserté à l'ennemi, il subira les mêmes punitions pendant six semaines.

X.

Mais s'il a déserté la veille ou le jour d'une bataille, ou s'il a déserté d'un détachement de guerre, ou d'une place assiégée, ou d'une tranchée, soit qu'il ait été à l'ennemi, ou qu'il soit rentré en France, il sera exclu du retour volontaire.

X I.

Celui qui ayant déserté pendant la paix, reviendra volontairement dans l'espace de trois mois, subira pendant un mois les punitions prescrites par l'article VII.

X I I.

S'il a escaladé les remparts, mêmes punitions pendant six semaines.

X I I I.

S'il a emporté ses armes à feu, indépendamment des mêmes punitions qu'il subira pendant six semaines, il sera privé de ses congés de semestre, jusqu'à ce qu'il ait payé au régiment le montant du prix de ses armes. La retenue lui en sera faite sur les émolumens qui lui reviendront pour raison du service qu'il fera pour ses camarades partis en semestre.

X I V.

S'il a déserté pendant la guerre avec les mêmes circonstances, c'est-à-dire, escaladé des remparts ou emporté ses armes à feu, et qu'il rentre dans les dix jours, il subira les mêmes punitions prescrites par l'article XIII.

X V.

Celui qui aura déserté étant de service, pendant la paix, s'il rentre dans l'espace de dix jours, subira pendant six semaines les mêmes punitions prescrites par l'article VII.

Il les subira pendant deux mois, s'il ne rentre qu'après l'espace de dix jours, mais dans celui de trois mois.

X V I.

Celui qui aura déserté étant de service pendant la guerre, s'il rentre dans les dix jours accordés pendant la guerre, il subira pendant deux mois les mêmes punitions prescrites par l'article VII.

X V I I.

S'il a déserté étant en faction pendant la paix ou pendant la guerre, il est exclu du retour volontaire.

X V I I I.

Tout déserteur qui aura été chef d'un complot de déserter, sera exclu du retour volontaire.

X I X.

Tout déserteur qui aura volé, ou emmené son cheval ou d'autres chevaux, sera exclu du retour volontaire.

X X.

Tout déserteur qui aura déserté plus d'une fois, sera exclu du retour volontaire.

X X I.

Tout caporal ou brigadier qui aura déserté et

trompé à ce point la confiance qu'on doit avoir en lui, sera exclu de la grace du retour volontaire.

XXII.

Tout déserteur rentré volontairement à son régiment, et y jouissant de la grace du retour volontaire, conservera dans sa compagnie le rang qu'il y avoit, et il y restera susceptible de l'avantage honorable d'être par la suite fait sous-officier, s'il le mérite par une conduite la plus exemplaire.

XXIII.

Lorsqu'un soldat, cavalier, hussard, dragon ou chasseur ayant déserté, voudra profiter de la grace du retour volontaire, il se présentera au commissaire des guerres de la ville où il se trouvera, ou de la ville la plus proche, ou au défaut d'un commissaire des guerres, à un officier de maréchaussée, ou, s'il se trouve à Paris, au commissaire-ordonnateur. Il lui déclarera sa désertion de tel ou tel régiment, et en en spécifiant la date et les circonstances, il affirmera qu'il est dans l'intention de réparer sa faute et de rejoindre au plutôt son régiment à ses frais. Le commissaire-ordonnateur de Paris, le commissaire des guerres ou l'officier de maréchaussée à qui il se sera adressé, lui expédieront alors un certificat de sa déclaration, valable pour le nombre de jours dont il aura besoin pour faire sa route. Elle sera spécifiée au bas dudit certificat, moyennant lequel, en suivant exactement cette route, il ne pourra être arrêté.

XXIV.

Le certificat destiné à assurer le retour du

déserteur à son régiment, et à l'empêcher d'être arrêté pendant sa route, ne pourra cependant avoir l'effet d'étendre pour lui la grace du retour volontaire au-delà du terme de trois mois en temps de paix, ou de dix jours en temps de guerre, qui lui est accordé; et ce certificat ne pourra le préserver d'être arrêté dans sa route, ou en arrivant à son régiment, lorsqu'il aura outre-passé ce temps.

X X V.

Le soldat, cavalier, hussard, dragon ou chasseur ayant déserté, qui arrivera à son régiment pour y demander la grace du retour volontaire, s'y présentera d'abord au premier poste, dont le commandant le fera conduire au principal poste de la garnison ou du quartier; il s'adressera au commandant de ce poste, à qui il déclarera l'objet de son retour; et celui-ci en rendra compte aussitôt au commandant de la place, et en fera instruire celui du régiment. Le soldat, cavalier, hussard, dragon ou chasseur sera conduit en prison par les ordres du commandant de la place, pour y rester le temps nécessaire pour constater légalement, et ainsi qu'il sera ci-après prescrit, l'époque et les circonstances de la désertion, celles du retour et la punition que le déserteur sera obligé de subir en réparation de sa faute. Il sortira de prison aussitôt ces formes remplies.

X X V I.

Si le régiment que rejoint le soldat, cavalier, hussard, dragon ou chasseur qui a déserté, est à l'armée ou campé, le soldat fera sa déclaration

tion susdite au commandant du premier poste qu'il rencontrera ; celui-ci en rendra compte au major-général ; et d'après l'ordre qu'il en recevra, il fera conduire le susdit soldat à son régiment, où il sera détenu à la garde du camp, pour y être soumis à ce qui est prescrit par l'article précédent.

XXVII.

Les dispositions pénales de ce chapitre premier, tant dans les articles précédens de la section première, que dans les articles de cette seconde section, et dans ceux des différentes sections qui suivront, relativement à la distinction de paix et de guerre, auront leur application ainsi qu'il suit :

Toutes les fois qu'un régiment sera hors du royaume ou sur une frontière, dans le cas d'avoir à se garder contre l'ennemi, les déserteurs de ce régiment seront soumis aux peines ordonnées pour devoir avoir lieu pendant la guerre.

Conséquemment les déserteurs des régimens qui seront sur les côtes pendant une guerre de mer, seront soumis aux susdites peines.

Ceux des régimens qui resteront dans l'intérieur du royaume, ou sur une frontière éloignée de celles où sera le théâtre de la guerre, subiront les punitions ordonnées contre les déserteurs pendant la paix.

Mais si un déserteur de ces régimens veut profiter de la grace du retour volontaire, et que dans cet intervalle son régiment marche à l'armée où se porte sur la frontière où sera le théâtre de la guerre, dès qu'il y sera arrivé, le déserteur ne sera plus admis au retour volontaire, qu'autant qu'il n'aura pas outre-passé ce terme de dix jours, au-delà duquel cette grace n'est plus accordée pendant la guerre ; mais les dix jours lui seront alors accordés, à compter de celui où le régiment sera arrivé à l'armée ou sur la frontière.

XXVIII.

Néanmoins si le déserteur se trouvoit alors dans les trois mois qui lui sont accordés pour profiter de la grace du retour volontaire, et qu'il fût dans l'intention de réparer sa faute en rejoignant son régiment avant l'expiration desdits trois mois ; si, du lieu où il se seroit retiré dans le royaume, après avoir instruit de la nouvelle destination de son régiment, il se trouvoit trop éloigné de son régiment marchant à l'armée, ou se portant sur les côtes, de manière qu'il ne pût s'y rendre dans l'espace de dix jours d'une marche directe la plus précipitée, il sera admis à profiter de la grace du retour volontaire, si, en remplissant les formalités prescrites par l'article XXIII ci-dessus, il rejoint son régiment, soit sur la frontière, soit sur la côte, après l'expiration des dix jours susdits, après avoir justifié toutefois par la route qui lui aura été spécifiée au bas de son certificat, qu'il ne s'en est aucunement écarté. Il suivra dans cette circonstance, les formalités prescrites par l'article XXVI ci dessus.

XXIX.

Il sera cependant accordé à tout déserteur des troupes, qui s'étant engagé dans un autre régiment, se déclarera, et dans quelque temps qu'il se déclare, la grace du retour volontaire ; pourvu toutefois que sa désertion n'ait pas été accompagnée de circonstances qui l'en excluent. Il fera sa déclaration au commandant de sa compagnie qui en rendra compte au commandant de son régiment. Le déserteur sera constitué prisonnier, et conduit à son premier régiment, où il sera jugé dans la même forme que tous les déserteurs admis à profiter de la grace du retour volontaire. S'il n'a point reçu dans le second régiment où il se sera engagé, aucun prix pour son engagement, il subira, dans ce cas, pendant un mois, en réparation de son instabilité, la correction prescrite par les premières dispositions de l'article I.er de la section première, concernant les recrues ou élèves-soldats.

S'il en a reçu le prix de son engagement, il subira les mêmes corrections prescrites par les dernières dispositions de l'article XIV de la section première.

Et s'il est découvert et arrêté, privé alors de la grace du retour volontaire, il subira dans le premier cas, toutes les corrections prescrites par l'article II de la section première; et dans le second cas, indépendamment des punitions prescrites par les dispositions de l'article VII de la présente section, il sera privé de ses congés de semestre pendant tout le temps de son premier engagement. La retenue prescrite par les dispositions de l'article X de la première section, lui sera faite aux fins y exprimées.

SECTION TROISIÈME.

DES DÉLITS CAPITAUX

DES DÉSERTEURS ARRÊTÉS, EXCLUS DE LA GRACE DU RETOUR VOLONTAIRE.

DES PUNITIONS, CHATIMENS,

ET PEINES AFFLICTIVES ET INFAMANTES QUI LEUR SERONT INFLIGÉS.

ARTICLE PREMIER.

LES punitions prescrites par les dispositions des différens articles de la section précédente, n'ayant été imposée aux déserteurs des troupes qui y rentreront volontairement dans le temps qui leur a été prescrit, qu'afin de réparer leurs délits par une intensité plus ou moins grande de ces mêmes punitions, seront soumis aux punitions, châtimens et peines afflictives, suivant ceux qui seront arrêtés sans avoir profité de cette grace, ou ceux qui, par les circonstances de leur désertion, seront indignes de l'obtenir.

II.

Tout soldat, cavalier, hussard, dragon ou chasseur arrêté, ayant déserté pendant la paix, sera une amende expiatoire de son délit, telle qu'elle est conçue article VII de la section deuxième, en présence de tout le régiment assemblé en grande tenue, revêtu préalablement par le prévôt du régiment d'un sarrau de grosse étoffe brune, sur lequel sera inscrit en lettres rouges de très-gros caractère : DÉSERTEUR ARRÊTÉ, ayant à un de ses pieds une chaîne de fer liée à une de ses mains, fermée avec un cadenat, dont la clef restera toujours entre les mains du prévôt. Il sera privé pendant deux mois de L'HONNEUR de faire son service militaire, qui sera remplacé par toutes les corvées du régiment. Il sera conduit pendant le même temps par le prévôt *(mais encore séparément des soldats déserteurs admis à profiter de la grace du retour volontaire)* tous les jours à l'heure de la garde montante, sur la place de la ville où le régiment sera en garnison ou en quartier. Ce châtiment, bien entendu, emportera toujours avec lui, pendant le temps de sa durée, la même privation et la même peine prescrite par les dernières dispositions dudit article VII de la section deuxième. Il prendra ses repas séparément des soldats déserteurs admis à la grace du retour volontaire, en observant pendant iceux le plus rigoureux silence, sous l'inspection du sous officier de police. Le dernier jour du terme de sa punition, il réitérera, en la présence de tout le régiment, son amende expiatoire, après laquelle le prévôt du régiment lui ôtera son sarrau de punition, et sa chaîne; il se revêtira alors au même instant de l'uniforme honorable de son régiment.

III.

S'il a déserté pendant la guerre, il subira les

mêmes punitions et châtimens prescrits article II, pendant trois mois. Il réitérera son amende expiatoire, le premier de chacun desdits trois mois.

I V.

S'il a déserté à l'ennemi, il subira les peines afflictives et infamantes ci-après. Il fera une amende honorable de son délit capital, en présence de tout le régiment, conçue en ces termes : « *Je déclare être coupable envers le* ROI *et* » *l'*ÉTAT *du crime de désertion ; j'ai encouru leur* » *indignation, ainsi que celle de MM. les officiers* » *sous-officiers et soldats du régiment de .....* » *je me reconnois indigne de partager avec eux* » *l'*HONNEUR *de servir ma* PATRIE *et son* SOU- » VERAIN. »

Il sera ensuite dégradé à la tête du régiment, et remis entre les mains du bourreau qui le conduira dans les prisons criminelles de la ville où il restera pendant un mois ; il en sortira tous les jours de marché pour être conduit sur la place publique, attaché au carcan, ayant devant lui, pendu à son col un écriteau, sur lequel seront placés en gros caractères imprimés, ces mots :

Déserteur criminel arrêté.

Le mois révolu, il sera condamé aux galères pour huit ans.

V.

S'il a déserté à l'armée la veille ou le jour d'une bataille, ou s'il a déserté d'un détachement de guerre ou d'une place assiégée, ou d'une tranchée, indépendamment des peines afflictives et infamantes, prescrites par l'article IV ci-dessus, qu'il subira pendant le même temps, pour servir d'exemple, il sera fouetté par le bourreau, marqué d'un P. POLTRON, à l'épaule, et condamné aux galères pour trente ans.

V I.

Si dans les mêmes circonstances il a déserté à l'ennemi, indépendamment des peines afflictives et infamantes de l'article IV, qu'il subira pendant un mois, il sera fouetté par le bourreau, marqué des lettres D. E., DÉSERTEUR ENNEMI, sur l'épaule, et condamné aux galères perpétuelles.

V I I.

Tout soldat, cavalier, hussard, dragon ou chasseur arrêté, ayant déserté ou escaladé des remparts, subira pendant trois mois les mêmes châtimens prescrits par les dispositions de l'article II, ci-dessus.

Et si c'est pendant la guerre, indépendamment des peines afflictives et infamantes, prescrites par l'article IV ci-dessus, qu'il subira pendant un mois, il sera fouetté par le bourreau, marqué de la lettre P. POLTRON, sur l'épaule, et sera condamné aux galères perpétuelles.

V I I I.

Tout soldat, cavalier, hussard, dragon ou chasseur arrêté, ayant déserté et emporté ses armes à feu, subira pendant trois mois les mêmes châtimens expiatoires, prescrits par l'article II.

I X.

Tout soldat, cavalier, hussard, dragon ou chasseur arrêté, ayant déserté de service pendant la paix, subira pendant un mois, les mêmes peines afflictives et infamantes, prescrites par l'article IV, et sera condamné aux galères pour quinze ans.

S'il étoit en faction, indépendamment des mêmes peines afflictives et infamantes, prescrites par l'article IV, il sera fouetté et marqué par le bourreau, marqué des lettres D. F. DÉSERTEUR FACTIONNAIRE, sur l'épaule, et condamné aux galères perpétuelles.

X.

Tout soldat, cavalier, hussard, dragon ou chasseur arrêté, ayant déserté étant de service pendant la guerre, indépendamment des peines afflictives et infamantes, proscrites par l'article IV, qu'il subira pendant un mois, sera fouetté et marqué par le bourreau, sur l'épaule, des lettres D. P. DÉSERTEUR POLTRON, et condamné aux galères perpétuelles.

X I.

Tout déserteur pris les armes à la main contre les troupes DU ROI, ou enrôlé dans les troupes ennemies, indépendamment de l'amende honorable, prescrite par l'article IV, sera condamné à avoir le poing coupé, et pendu.

X I I.

Tout soldat, cavalier, hussard, dragon, ou chasseur arrêté, ayant déserté, et reconnu pour avoir été chef de complot, indépendamment des peines afflictives et infamantes, prescrites par l'article IV, sera fouetté et marqué par le bourreau, sur l'épaule, des lettres D. C. DÉSERTEUR COMPLOTEUR, et condamné aux galères perpétuelles.

X I I I.

Celui qui sera convaincu d'avoir été chef d'un complot de déserter, quoique ce complot n'ait pas été exécuté, fera l'amende honorable prescrite par l'article IV, sera deshabillé par le prévôt, dégradé à la tête du régiment, et chassé avec une cartouche jaune, qui lui sera remise par le prévôt.

X I V.

Celui qui aura participé au complot de déserter, et pris jour avec le chef, sans que ce complot ait été exécuté, subira pendant huit jours les châtimens expiatoires, prescrits par l'article II. Sur le sarrau de punition dont il sera revêtu pendant le même temps, seront inscrits les mots : COMPLOTEUR DE DÉSERTION.

X V.

Celui qui sans avoir participé au complot de déserter, en aura eu connoissance, et ne l'aura pas déclaré, subira pendant huit jours la correction d'être conduit par le prévôt, en habit de punition, à l'heure de la garde montante, sur la place de la ville.

X V I.

Tout soldat, cavalier, hussard, dragon ou chasseur qui fera la dénonciation d'un complot de déserter, sera honoré de la décoration insigne d'une médaille d'or, sur l'un des côtés de laquelle sera gravé le portrait DU ROI, et de l'autre côté une femme, représentant LA FRANCE, tenant une branche de lys à la main devant laquelle sera à genoux un soldat découvert, entourée de la légende suivante :

FIDELITATIS BELLICÆ PRÆMIUM (*). Cette récompense sera décernée devant tous le régiment assemblé en grande tenue, par le colonel, ou en son absence, par le commandant du régiment. Il portera cette médaille sur son habit, attachée avec un ruban moitié couleur ponceau, moitié couleur blanche. Le ruban lui en sera fourni par le Roi, tant qu'il restera à son service. Il sera de plus délié de son engagement, qu'il sera toujours le maître de continuer sur sa parole D'HONNEUR, jusqu'à ce qu'il parvienne, soit au grade de sous-officier, soit au grade d'officier. Cette décoration ne lui sera néanmoins accordée, ainsi que son service volontaire, qu'aussitôt après les preuves acquises du complot, qui seront adressées par le régiment au sécretaire-d'Etat, ayant le département de la guerre. SA MAJESTÉ, dans le cas de la retraite de son service, de la part de ce soldat, ainsi honoré et récompensé, fera rembourser au régiment, à la masse des recrues, le prix de son engagement fixé par ses ordonnances militaires pour les engagemens des différentes armes de son armée.

XVII.

Tout soldat, cavalier, hussard, dragon ou chasseur arrêté, ayant déserté, et volé, indépendamment des peines afflictives et infamantes, prescrites par l'article IV, qu'il subira pendant un mois, sera fouetté par le bourreau, marqué à

(*) « L'ame se rafraîchit sur de telles dispositions. Si » les exemples des fautes sont nombreux, les exemples de » la vertu sont plus nombreux encore. Qu'il me tarde de » tracer le chapitre des récompenses ! .... C'est un » délassement bien nécessaire pour ma sensibilité. »

l'épaule, des lettres, D. V. DÉSERTEUR VOLEUR, et condamné aux galères perpétuelles.

XVIII.

Tout cavalier, hussard, dragon ou chasseur à cheval, arrêté ayant déserté avec son cheval, sera condamné à subir toutes les peines afflictives et infamantes prescrites par l'article XVII précédent, s'il a déserté en temps de paix : si c'est en temps de guerre, indépendamment de l'amende honorable prescrite par l'article IV, il sera pendu.

XIX.

Celui qui en désertant, aura emmené un autre cheval que le sien, ou plusieurs chevaux, sera condamné à subir toutes les peines afflictives et infamantes, prescrites par l'article XVII, si c'est en temps de paix : si c'est en temps de guerre, indépendamment de l'amende honorable prescrite par l'article IV, il sera pendu.

XX.

Si un déserteur est arrêté en se défendant à main armée contre la maréchaussée, ou contre un détachement des troupes du Roi, indépendamment de l'amende honorable prescrite par l'article IV, il sera pendu.

Mais si ce détachement des troupes du Roi, étoit de son régiment ou de sa garnison, indépendamment de l'amende honorable prescrite par l'article IV, il sera condamné à avoir le poing coupé, et à être pendu.

XXI.

Si un déserteur est arrêté par des citoyens,

sujets de Sa Majesté, et qu'il se soit défendu contre eux à main armée, il subira pendant trois mois tous les châtimens expiatoires prescrits par l'article II.

S'il avoit tué quelqu'un desdits citoyens, indépendamment de l'amende honorable prescrite par l'article IV, il sera condamné à être pendu.

XXII.

Tout déserteur arrêté déguisé subira pendant deux mois et demi, tous les châtimens expiatoires prescrits par l'article II.

XXIII.

Tout soldat, cavalier, hussard, dragon ou chasseur qui sera arrêté pour la seconde fois comme déserteur, depuis qu'il aura été élevé par son instruction, au grade de soldat, indépendamment des peines afflictives et infamantes prescrites par l'article IV, sera condamné aux galères pour quinze ans.

XXIV.

Celui qui aura déserté plus de deux fois, depuis qu'il aura été élevé par son instruction au grade de soldat, indépendamment des peines afflictives et infamantes prescrites par l'article IV, sera condamné aux galères perpétuelles.

XXV.

Si un déserteur s'est engagé, qu'ensuite il ne se soit pas déclaré, et qu'il n'ait pas profité de la grace du retour volontaire, de la manière exprimée article XXIX de la section deuxième ; ledit déserteur, s'il est découvert dans le régiment où il se sera engagé, sera conduit à son premier régiment; il subira toutes les corrections et punitions prescrites par les dernières dispositions dudit article XXIX ; mais s'il est découvert et arrêté pour une seconde fois, du jour de son élévation au grade de soldat, et qu'il ne se soit pas déclaré, indépendamment des peines afflictives et infamantes prescrites par l'article IV de cette section troisième, il sera condamné aux galères pour huit ans.

XXVI.

Si le déserteur mentionné en l'article ci-dessus a escaladé des remparts, ou avec des armes à feu, il subira les peines afflictives et infamantes prescrites par l'article VIII.

S'il étoit de service, celles prescrites par les premières dispositions de l'article IX.

S'il étoit en faction, celles prescrites par les dernières dispositions dudit article IX.

Et si c'est pendant la guerre qu'il a déserté avec les mêmes circonstances, celles prescrites par l'article X.

XXVII.

Si le déserteur engagé et découvert dans un autre régiment, et reconduit en conséquence à son premier régiment, avoit volé, il subira les peines afflictives et infamantes prescrites par l'article XVII.

XXVIII.

Toutes les fois qu'un déserteur arrêté sera dans le cas de subir une peine afflictive et infamante, et celle de la mort, il sera dégradé des armes avant de la subir.

XXIX.

Tout soldat, cavalier, hussard, dragon ou chasseur arrêté, se trouvant dans le cas de faire une amende expiatoire en présence de tout le régiment, sera mis à la queue de sa compagnie, et privé de tout congé limité et de semestre. Il ne restera susceptible des hautes-payes et honneurs militaires, que d'après la conduite la plus exemplaire.

SECTION QUATRIÈME.

DES DÉLITS PARTICULIERS ET CAPITAUX

DES SOLDATS ABSENS PAR CONGÉS OU SORTANT DE L'HOPITAL.

DES PUNITIONS, CHATIMENS,

PEINES AFFLICTIVES ET INFAMANTES QUI LEUR SERONT INFLIGÉS.

ARTICLE PREMIER.

Si un soldat, cavalier, hussard, dragon ou chasseur, n'a pas rejoint à l'expiration d'un congé limité; qu'il ne puisse justifier son retard par un certificat de maladie en bonne forme, et que cependant il rentre à sa compagnie dans l'espace de trois mois, il profitera de la grâce du retour volontaire. Il sera soumis aux formalités prescrites pour les déserteurs, à qui cette grace a été accordée ; et il subira les punitions expiatoires prescrites par l'article VII de la section deuxième.

I I.

Au delà du susdit terme de trois mois, à dater de l'expiration de son congé, aucun soldat, cavalier, hussard, dragon ou chasseur ne sera plus admis au retour volontaire; et s'il est arrêté, il sera soumis, suivant les différentes circonstances de son délit, aux punitions expiatoires, châtimens, peines afflictives et infamantes, prescrits par les dispositions de la section troisième, contre les déserteurs arrêtés.

I I I.

Si même il est arrêté dans le susdit intervalle de trois mois, et sans avoir profité de la grace du retour volontaire, il sera, suivant les différentes circonstances de son délit, soumis aux mêmes punitions expiatoires, châtimens, peines afflictives et infamantes portés contre les déserteurs arrêtés.

I V.

Il en sera de même de tout soldat, cavalier, hussard, dragon ou chasseur qui étant sorti de l'hôpital, n'aura point rejoint le jour fixé par sa route incrite sur son billet de sortie d'hôpital.

Si n'ayant pas rejoint le jour fixé par cette route, et ne pouvant justifier son retard par des certificats en bonne forme, il rentre dans l'espace de trois mois, il profitera de la grace du retour volontaire, aux mêmes conditions prescrites dans l'article Ier. ci-dessus.

Au-delà du terme de trois mois, à dater du jour où il eût dû rejoindre, il ne sera plus admis au retour volontaire ; et s'il est arrêté, il sera soumis, suivant les différentes circonstances de son délit, aux punitions expiatoires, châtimens et peines afflictives et infamantes, prescrits par l'article II ci-dessus contre les déserteurs arrêtés.

Si même il est arrêté dans cet intervalle de trois mois, et sans avoir profité de la grace du retour volontaire, il sera soumis, suivant les différens rapports de son délit, aux punitions expiatoires, châtimens et peines afflictives et infamantes prescrits par l'article III ci-dessus contre les déserteurs arrêtés.

SECTION CINQUIÈME.

DISPOSITIONS GÉNÉRALES.

Ayant été réglé par les articles des sections précédentes de ce chapitre Ier, les corrections, punitions simples, punitions expiatoires qui seront infligées aux recrues ou élèves-soldats, soldats, cavaliers, hussards, dragons ou chasseurs qui se seront engagés pour plusieurs régimens, il sera prescrit par la présente section, 1°. que les officiers qui leur auront fait contracter un second engagement, ayant connoissance du premier, seront privés de leur emploi.

2°. Que les sous-officiers, préalablement dépouillés de leur uniforme par le prevôt du régi- ment,

ment, lequel sera au même instant par lui brûlé, en la présence du régiment, après avoir fait l'amende honorable prescrite par l'article IV de la section troisième, seront chassés du régiment.

3°. Et que les soldats, cavaliers, hussards, dragons ou chasseurs, indépendamment de tous les châtimens exemplaires prescrits par ledit article IV, ayant à leur col un écriteau sur lequel seront inscrits les mots : RECRUTEUR INFIDÈLE ET CRIMINEL, seront condamnés aux galères pour huit ans.

SECTION SIXIÈME.

DE L'EXÉCUTION DES DISPOSITIONS DES DIFFÉRENS ARTICLES DES DIVERSES SECTIONS DE CE CHAPITRE PREMIER.

DES JUGEMENS DES DÉSERTEURS.

ARTICLE PREMIER.

APRÈS avoir fait connoître par les sections précédentes de ce chapitre Ier., les corrections, punitions simples, punitions expiatoires, châtimens, peines afflictives et infamantes, et les supplices qui seront infligés, soit aux recrues ou élèves-soldats, soit aux soldats, cavaliers, hussards, dragons ou chasseurs déserteurs, fautifs, coupables ou criminels, en même-temps les moyens de retour et de grace qui leur sont laissés, s'ils se repentoient assez-tôt de leurs fautes et délits pour les réparer, lesdits déserteurs après les termes prescrits au retour volontaire expirés, c'est-à-dire, pendant dix jours pendant la guerre, sous les modifications néanmoins exprimées audit cas par les dispositions de l'article XXVIII de la section deuxième, et trois mois pendant la paix, seront jugés par contumace par les tribunaux militaires, selon les cas où ils se trouveront, aux diverses peines portées contre les déserteurs arrêtés.

I I.

Il en sera de même de ce qui est établi section IV, des soldats qui, n'ayant pas rejoint à l'expiration de leurs congés limités, ou après leur sortie de l'hôpital, devront être traités comme déserteurs ; et ils seront jugés comme tels par contumace, après l'expiration du temps qui leur est accordé pour leur retour volontaire, s'ils n'en ont pas profité.

I I I.

D'après ce qui est établi section V, mêmes jugemens par contumace seront rendus contre les prévaricateurs y dénommés.

I V.

Les soldats, cavaliers, hussards, dragons ou chasseurs que leur désertion aura exclus du retour volontaire, seront également jugés par contumace, au bout de dix jours pendant la guerre, sous les modifications néanmoins prescrites audit cas, par les dispositions de l'article XXVIII de la section deuxième, et de trois mois pendant la paix.

V.

Les sentences des jugemens par contumace seront aussitôt adressées au secrétaire d'Etat ayant le département de la guerre, qui donnera de nouveaux ordres pour que les déserteurs condamnés soient arrêtés; et le prononcé de chaque jugement sera inscrit tant sur le contrôle du régiment, que sur le contrôle d'icelui étant entre les mains du commissaire des guerres chargé de sa police, au nom du soldat qui aura été jugé.

V I.

Les déserteurs qui seront arrêtés et ramenés à leur régiment, soit qu'ils ayent déjà été jugés par contumace, ou qu'ils ne l'ayent point été, seront jugés contradictoirement par les tribunaux militaires. La sentence sera envoyée au secrétaire d'Etat ayant le département de la guerre, et il lui sera rendu compte de l'exécution.

V I I.

Les déserteurs qui rentreront ou qui se déclareront volontairement admis à la grace de profiter du retour volontaire, ne seront point soumis aux tribunaux militaires, mais seulement à un conseil de leur régiment. Ce conseil sera composé du colonel, du lieutenant-colonel, des quatre plus anciens capitaines commandans, du capitaine commandant, du premier lieutenant, du sous-lieutenant et du premier sous-officier de la compagnie du soldat déserteur. Ces officiers et sous-officiers, s'ils sont absens, seront suppléés par ceux qui les suivent. Le commissaire des guerres chargé de la police du régiment, fera l'enquête nécessaire, entendra des témoins, s'il en est besoin, et lira, au conseil assemblé chez le commandant du régiment, le jour et à l'heure que celui-ci aura indiqué, l'instruction qu'il aura faite. Il lira ensuite son avis, motivé sur tel ou tel article des différentes sections du présent chapitre. Le déserteur amené par deux caporaux ou deux brigadiers, sera mandé par le conseil du régiment, si les juges ont quelque question à lui faire; ils prononceront ensuite à la pluralité des voix, et le jugement qui en résultera sera écrit à la suite de l'instruction et des conclusions du commissaire des guerres, et signé de tous les juges. Ce jugement sera lu par le commissaire des guerres, au déserteur, que le conseil du régiment fera rentrer. S'il consiste à l'absoudre, en lui imposant seulement les corrections et punitions y relatives, cette correction ou punition sera aussitôt inscrite par le commissaire des guerres, sur le contrôle du régiment qu'il a entre ses mains, et par le sous-officier sur le contrôle du régiment, en présence et à l'article dudit soldat, qui dès-lors ne sera plus regardé comme déserteur; et il ne sera point ramené en prison par les deux caporaux ou brigadiers qui l'auront amené, mais au lieu de cela, conduit à sa compagnie.

Si le conseil du régiment avoit jugé que par les circonstances ou la date de sa désertion, le déserteur ne fût pas dans le cas d'être admis au retour volontaire, alors il seroit renvoyé en prison pour être soumis aux tribunaux militaires; et le commissaire des guerres seroit tenu tout de suite de les en prévenir en leur adressant copies tant de son instruction, de ses conclusions, que du jugement rendu à ce sujet par le conseil du régiment, afin que le déserteur fût jugé très-promptement par lesdits tribunaux militaires, dans les formes prescrites à ce sujet.

VIII.

Il sera rendu compte tant par le régiment que par le commissaire des guerres, du jugement du conseil du régiment, au commandant de la place, à l'inspecteur du régiment, et au secrétaire d'Etat ayant le département de la guerre.

IX.

Les tribunaux militaires seront tenus d'instruire dans les formes prescrites par les ordonnances militaires concernant leur institution, leur organisation et la manière de procéder devant eux. Ils connoîtront de tous les cas de désertion où les déserteurs seront arrêtés; des cas du retour volontaire où le conseil du régiment n'auroit pas jugé qu'ils dussent être admis à profiter de cette grace; des privations de service des officiers; des dégradations, exclusions do service et peines afflictives des sous officiers; des châtimens, peines afflictives et infamantes pour les soldats, dans les circonstances prévues par les dispositions de la section cinquième.

X.

Il est enjoint de la manière la plus expresse aux officiers, sous officiers et cavaliers de maréchaussée, de faire les recherches les plus exactes des déserteurs, dans les auberges, cabarets et lieux publics des villes ; dans les bourgs, villages, hameaux, fermes, moulins, carrières et autres endroits de leurs districts ; de les arrêter et conduire dans des prisons sûres ; d'informer de leur capture le secrétaire d'Etat ayant le département de la guerre, et de lui donner avis pareillement des endroits privilégiés, châteaux, couvens, maisons ou autres lieux où ils auroient pu découvrir que se seroient réfugiés des déserteurs, afin que les ordres nécessaires pour les arrêter dans lesdits endroits puissent être expédiés et envoyés aussitôt aux officiers de maréchaussée, sauf le compte qui sera rendu au Roi, des noms des personnes qui auroient donné retraite auxdits déserteurs, pour être par Sa Majesté, pourvu à leur punition.

X I.

Il sera pourvu par les nouvelles ordonnances militaires (*je les proposerai par la suite*) concernant l'institution de la maréchaussée, sa formation, sa composition et son organisation, aux récompenses qui seront accordées aux brigades de maréchaussée, pour chaque capture de déserteur ; et ce, indépendamment des frais de conduite aux régimens, suivant les nouveaux règlemens militaires rendus à ce sujet, (*je les proposerai pareillement par la suite*) lesquels leur seront remboursés des fonds de l'extraordinaire des guerres ; le tout sur les ordres du secrétaire d'Etat ayant le département de la guerre, et d'après les procès-verbaux de capture, interrogatoires et preuves de désertion qui lui seront adressés par les officiers de maréchaussée.

X I I.

Dans le cas où il seroit prouvé qu'un ou plusieurs

officiers et cavaliers de maréchaussée auroient eu connoissance d'un déserteur qu'ils n'auroient point arrêté, ayant été à portée de le faire, ils seront soumis, de même que ceux qui, chargés de conduire un déserteur, l'auroient laissé évader, aux privations de service, punitions et châtimens qui seront amplement détaillés et prescrits dans le chapitre du présent code militaire-pénal, concernant ce corps militaire, destiné particulièrement pour la sûreté intérieure du royaume.

SECTION SEPTIÈME.

DISPOSITIONS

A L'ÉGARD DES DÉSERTEURS ACTUELS.

Article premier.

Il sera accordé une amnistie aux soldats, cavaliers, hussards, dragons et chasseurs qui ont déserté des troupes depuis .... jusqu'au .... exclusivement : seront admis ceux qui auront déserté depuis cette époque, à faire leur déclaration dans le délai de trois mois, à compter de la publication des dispositions des différens articles des diverses sections de ce chapitre premier, et à requérir les certificats mentionnés en l'article VII de la section première, et de l'article XXIII de la section deuxième, à l'effet de pouvoir rejoindre avec sûreté leurs régimens, où ils seront tenus de subir la correction prescrite par les premières dispositions de l'article premier de la première section. Tous ceux qui seront arrêtés après le délai de trois mois, seront condamnés aux diverses peines établies par les différentes sections de ce chapitre premier, suivant les cas où ils se trouveront.

I I.

Comme la plupart des déserteurs réfugiés en pays étrangers ne pourroient pas profiter dans le délai de trois mois, de la grace accordée par l'article précédent, ce délai sera prorogé à six mois en leur faveur, passé lesquels, s'ils viennent à être arrêtés, ils seront, comme ceux mentionnés audit article précédent, condamnés aux peines qui y sont indiquées ; ils ne profiteront néanmoins de ce délai de six mois, qu'autant qu'ils justifieront par les passeports qui leur auront été délivrés par les ambassadeurs ou ministres dans les cours étrangères, pour rentrer en France, qu'ils en étoient réellement sortis.

CONCLUSION

DE CE CHAPITRE PREMIER.

« *Nul citoyen servant dans l'armée de terre ou de mer, ne pourra être irrévocablement destitué de son emploi, qu'après un jugement préalable, et suivant les ordonnances rendues sur cette matière* ».

(Des cahiers du Tiers-état de Meaux, à ses députés aux États-généraux. Article 25.)

« *Que nul militaire ne puisse être destitué de son emploi, sans jugement préalable* ».

(Des cahiers du Tiers-état de Montfort-l'Amaury, à ses députés aux États-généraux.)

« *Aucun militaire ne pourra être privé de son état, que par un jugement* ».

(Des cahiers du Tiers-état de Paris, *extra muros*, à ses députés aux États-généraux. Page 17.)

« *Qu'il soit statué par les Etats généraux sur le réglement à faire relativement aux lettres de casse des officiers* ».

(Des cahiers du Tiers-état de Saint-Quentin et Vermandois, à ses députés aux États-généraux. Page 10.)

« *Que dans les règlemens militaires, on ne perde jamais de vue, que le point* D'HONNEUR *est le plus puissant de tous les ressorts pour le soldat français; que les coups de plat de sabre, de bâton, et toutes punitions qui le dégradent et le découragent, soient abolis; que les peines qui le déshonorent aux yeux de ses camarades, soient réservées pour les délits graves* ».

(Des cahiers du Tiers-état de Rennes, à ses députés aux Etats-généraux. Article 81.)

« *Que le sort des troupes, et particulièrement celui des soldats soit amélioré; qu'il ne soit plus dégradé par des peines avilissantes* ».

(Des cahiers du Tiers-état du Nivernois, à ses députés aux États-généraux. Page 24.)

« *Que l'état du soldat français soit pris en considération* ».

(Des cahiers du Tiers-état de Nérac, MSS. à ses députés aux États-généraux. Article 40.)

« *Que les peines militaires soient déterminées par la nation* ».

(Des cahiers du Tiers-état de Montfort-l'Amaury, à ses députés aux États-généraux.)

« *Qu'il soit établi dans l'armée française une discipline plus analogue au caractère national ; et sur-tout que la punition des coups de plat de sabre en soit à jamais bannie* ».

(Des cahiers du Tiers-état de Cotentin, MSS. à ses députés aux États-généraux.)

« *Que les coups de plat de sabre, et autres punitions ignominieuses soient supprimées* ».

(Des cahiers du Tiers-état de Saint-Quentin, à ses députés aux États-généraux. Page 9.)

« *On révoquera le règlement qui établit pour certains délits militaires, la punition des coups de plat de sabre, et autres punitions atroces et répugnantes au caractère national: il sera bien plus sûrement dirigé par les principes de* L'HONNEUR (*) ».

(Des cahiers du Tiers-état d'Auxerre, à ses députés aux États-généraux. Page 26.)

(*) Je prie mes lecteurs de porter un œil attentif sur les réflexions patriotiques que j'ai faites, (*bien avant la tenue des états généraux, et la publicité de leurs mandats*) au sujet de l'institution anti-nationale de cette punition ignominieuse, incompatible avec la DIGNITÉ de l'état du soldat Français: et par rapport aux incommodités personnelles et dangereuses qui en étoient inévitablement la suite, ainsi que je m'en suis convaincu dans un grand nombre de garnisons ou quartiers. Ces réflexions sont amplement détaillées dans

« *Il sera accordé une amnistie générale pour* » *tous les déserteurs, afin que tous les* SUJETS » *du roi puissent se ressentir du bien général.* »

(Des cahiers du Tiers-état d'Anjou, à ses députés aux États-généraux. Page 30.)

« *Que les peines infligées aux soldats, soient*

---

les observations que j'ai adressées en 1788, à feu M. LE COMTE DE GUIBERT, rapporteur du conseil de la guerre, (*je ne les ai rendu publiques depuis, qu'en réponse à son mémoire adressé au public et à l'armée, sur les opérations du conseil de la guerre, dont il m'avoit envoyé particulièrement un exemplaire*) au sujet du règlement provisoire, concernant le service intérieur, la police et la discipline des troupes d'infanterie, du premier juillet 1788. Elles sont développées, avec le genre de punition prescrit par L'HONNEUR, que j'ai proposé pour le remplacement de cette punition barbare, depuis la page 104, jusques et compris la page 116 de mon ouvrage intitulé : « PRINCIPES FONDAMENTAUX DE LÉGISLATION MILITAIRE. » etc..... Mes lecteurs se convaincront, par un exemple que j'ai rapporté, pages 111, 112, 113, 114 et 115 de ce même ouvrage, où cette punition barbare a été remplacée, à ma prière, par une correction sentimentale de la part d'un commandant de régiment, vis-à-vis de quatre soldats, fautifs de désertion, mais aussitôt repentans de leurs écarts, des avantages multipliés et consolans que la PATRIE recueillera journellement en apprenant et en faisant rougir le soldat Français de ses fautes, soit par la privation momentanée, soit par la perte de la confiance et de l'estime honorable de ses officiers, sous-officiers et de ses camarades. Ayant été heureusement à même, dans mille circonstances, de lire bien profondément dans le cœur généreux du soldat Français, ce sera dans ce précieux répertoire, préparé et dirigé par L'HONNEUR, que je puiserai fructueusement toutes mes combinaisons législatives pour vivifier et maintenir la discipline militaire dans tous ses vrais rapports, dégagée de toutes les règles minutieuses et arbitraires qui la dénaturent.

» *prises en considération par les états-généraux*
» *qui aviseront ce qui leur paroîtra convenable*
» *et de plus analogue au caractère de la nation.* »

(Des cahiers du Tiers-état de Troyes, à ses députés aux États-généraux. Article 165.)

Le vœu général de la nation Française, bien d'accord avec les intentions paternelles de SA MAJESTÉ (*), et fondé sur la justice, l'humanité et sur L'HONNEUR, m'a dicté la première partie de ce code militaire-pénal.

Telle sera la boussole infaillible qui me dirigera exclusivement dans toutes ses autres parties. Ce sera de cette manière que je les envisagerai.

(*) Pour convaincre mes lecteurs des intentions paternelles du ROI, à l'égard de tous les soldats de son armée, je vais seulement transcrire littéralement ici ses ordres suprêmes à ses officiers, par son règlement provisoire, concernant le service intérieur, la police et la discipline de ses troupes d'infanterie, du premier juillet 1788.

Titre Ier., article 4. « *Entend* SA MAJESTÉ, *que cette bienséance dans l'exercice du commandement dont la* DÉLICATESSE *et* L'HONNEUR *doivent suffire pour faire un principe constant entre les officiers de tout grade, ait de même lieu des officiers aux bas-officiers et soldats, en sorte que ceux-ci ne soient jamais ni tutoyés, ni injuriés, ni maltraités par eux; que tous les châtimens qu'ils leur infligeront, soient conformes à la loi; et qu'enfin les officiers les conduisent, les dirigent et les protègent en toute occasion; leur propre intérêt étant de les attacher à leur profession, et de se les affectionner personnellement, comme les compagnons de leur fortune et de leur gloire* ».

Tels sont ainsi conçus tous les ordres suprêmes donnés par SA MAJESTÉ, dans ses ordonnances militaires.

J'approfondirai l'immensité des loix politiques constitutives de l'armée, des loix concernant son organisation, sa discipline, sa police et son administration générale; je les suivrai profondément dans leurs développemens relatifs à l'organisation particulière des différens corps de l'armée, à leur discipline, à leur police et à leur administration intérieure. Identifié avec leur esprit par cette étude impartiale, je les analyserai, je dévoilerai *(sans critique, je le répète, que j'abhorre)* leur déviation du vrai but auquel elles doivent fixement toutes tendre et se réunir; j'établirai, suivant leurs divers rapports, la légitimité, consacrée par l'utilité générale, des droits des différens individus de l'armée, et l'étendue de leurs devoirs; par ce moyen seul, je parviendrai à démontrer dans la plus grande évidence la nature de leurs différens écarts, et d'y appliquer avec justesse, suivant la multiplicité de leurs rapports, d'aprés leur qualité et leur gravité, les peines qui y seront relatives.

Les loix pénales de L'HONNEUR, en suivant ces mêmes écarts dans toutes leurs divisions, soit générales, soit particulières, comparativement avec les devoirs auxquels ils se rapportent, exerceront alors inévitablement, sans arbitraire, leur empire salutaire sur toutes leurs combinaisons plus ou moins condamnables. Telle est ma morale législative. Tel est mon seul but politique. J'en fais bien ardamment *le serment civique* entre les mains de ma patrie.

Après avoir établi dans le cours des différentes parties de ce code militaire-pénal les principes généraux pour opérer, suivant son vœu général bien conforme à la nature de la monarchie française, l'organisation morale de sa force publique, prescrite impérieusement par les loix sublimes de

L'HONNEUR, d'accord avec l'utilité générale, je présenterai à ma patrie le code que j'ai conçu des loix politiques, constitutives, réglementaires et administratives, tant générales que particulières, concernant la formation, la composition, le recrutement, son augmentation en temps de guerre, l'organisation, la hiérarchie, la police, la discipline et l'administration intérieure et générale de son armée. Ce travail immense, fruit bien pur d'une expérience pratique et profonde, en lui démontrant ostensiblement de quelle manière les loix particulières de l'armée ont paralysé jusqu'à présent son organisation morale, lui indiquera en même-temps les vrais moyens de la régénérer, de la porter, de l'entretenir et de la maintenir dans sa plus grande énergie, en la faisant concorder dans toutes ses parties avec son organisation physique.

TROP heureux serai-je ! si, dans la solitude, en dévouant avec yvresse et sans relâche, toutes mes veilles, au service de ma patrie et du ROI, SON SOUVERAIN LÉGISLATEUR PATERNEL, je puis contribuer, suivant mes principes et mes devoirs, au bonheur de leurs magnanimes et généreux défenseurs.

Paris, ce premier Mars 1792.

GOUPY (*).

(*) Le chapitre deuxième embrassera toutes les fautes et tous les délits concernant le service intérieur, la police et la discipline des troupes; ainsi que les réprimandes, corrections et punitions qui en seront la suite, tant à l'égard des officiers qu'aux soldats.

LETTRE

ET ENVOI

A MONSIEUR LA CUÉE,

DEPUTÉ, VICE-PRÉSIDENT DU COMITÉ MILITAIRE

DE L'ASSEMBLÉE NATIONALE.

MONSIEUR,

AUSSITÔT la réception de votre seconde lettre, aussi instructive qu'indulgente et honorable pour moi (*), qui m'est parvenue dans ma retraite le

---

(*) Seconde lettre de M. La Cuée, député, vice-président du comité militaire de l'Assemblée nationale, à M. Goupy.

MONSIEUR,

Si je n'avois été incommodé pendant plusieurs jours par une fluxion sur les yeux, si je n'eusse été très-occupé, et sur-tout si je n'avois voulu, avant de répondre à votre lettre, l'avoir profondément méditée et avoir lu les ouvrages que vous avez eu la bonté de m'adresser, je serois infiniment coupable envers vous ; mais j'espère qu'en faveur de ces motifs et de ces raisons vous voudrez bien pardonner aux retards que ma réponse a éprouvés.

Il n'est aucun philosophe, aucun homme qui se soit

24 février dernier, je me suis occupé exclusivement à mettre de l'ordre dans l'immensité des matériaux que je m'étois solitairement préparés pour me livrer à la composition du code militaire-

---

élevé à la hauteur de la révolution, qui ne reconnoisse la vérité des principes que vous avez posés sur le code militaire-pénal ; mais le grand, le difficile, c'est de tirer de ces principes des conséquences justes, et qui, malgré leur exactitude, soient cependant d'accord avec les mœurs nationales, les opinions militaires et les circonstances dans lesquelles nous nous trouvons. Si, à l'exemple des Platons, des Morus, *je créois à mon gré un peuple pour mes loix, sans doute je pourrois suivre rigoureusement les principes ; c'est-là le grand avantage du législateur spéculatif ; mais celui qui opère sur un peuple existant, et par conséquent modifie de telle ou telle manière, est forcé, vous le savez, Monsieur, de modifier les institutions ; car il ne peut à sa volonté modifier les hommes : et delà le mot* de Solon. *Je sais bien que le législateur qui se traîneroit constamment à la suite du peuple qu'il veut instituer, seroit absolument indigne de sa mission ; mais vous savez aussi que s'il le précédoit de trop loin, bientôt ses traces seroient effacées et son ouvrage inutile. C'est à saisir ce point-milieu que je m'occuperai ; et j'espère qu'éclairé par mes collègues, que secondé par vous, Monsieur, et par quelques autres écrivains amis de l'humanité, je parviendrai sinon au but, du moins j'en approcherai beaucoup plus qu'on ne l'a fait jusqu'à ce jour.*

J'ai été flatté que vous ayez jugé ma première lettre digne de l'impression ; mais comme j'en avois jugé différemment, j'avoue avec franchise que j'aurois mieux aimé qu'elle eût resté inconnue. Cependant, Monsieur, ne prenez pas, je vous en prie, cette observation comme reproche, mais veuillez la regarder comme l'effet de l'opinion où je suis qu'on doit assez respecter le public pour ne lui donner jamais que ce qui peut lui être très-utile, ou du moins ce que l'on a assez médité pour être certain qu'il lui sera agréable.

Si vous continuez à vous occuper, Monsieur, du code

pénal

pénal dont j'avois eu l'honneur de vous entretenir par ma dernière lettre du 24 janvier dernier. Je ne comptois livrer et soumettre au jugement du public, cet ouvrage, qu'en lui en présentant toutes les parties; mais empressé de répondre par mon zèle, au jugement favorable que vous me portez, en m'accordant avec indulgence, les talens nécessaires, pour vous seconder dans le travail bien intéressant, dont vous vous êtes chargé pour porter à sa perfection le code militaire-pénal; j'ai l'honneur de vous adresser la première partie, concernant les désertions, de celui que j'ai conçu.

Veuillez, Monsieur, porter un œil législateur sur cette production que le patriotisme, dirigé par L'HONNEUR, m'a dictée. Recevez-la avec bonté et indulgence, comme étant le fruit d'une lecture profonde que j'ai constamment faite avec ivresse, pendant un temps considérable, dans le cœur généreux du soldat français. Très-rigide observateur de la discipline militaire, je m'honorerai toujours d'être l'apologiste fidèle de ses sentimens; je ne cesserai jusqu'à mon dernier soupir d'être

---

militaire-pénal, je vous demanderai avec empressement la communication de votre travail; et pour l'obtenir, je saisirai la première occasion où vous serez à Paris pour vous le demander de vive voix.

Je suis avec respect, Monsieur,

Le vice-président du comité militaire

J. G. LA CUÉE.

Paris, le 19 février 1792.

avec justice le défenseur le plus dévoué de ses intérêts bien chers et bien précieux.

J'aurois été très-flatté, Monsieur, de pouvoir vous présenter personnellement cette esquisse de mon code militaire-pénal, tracée rapidement, d'après vos desirs qui ont été ma loi ; mais retenu dans ma retraite, par une indisposition douloureuse, je n'ai pu jouir de cet avantage. Agréez-en, je vous prie, tous mes regrets bien sincères, qu'aussitôt mon rétablissement, je m'empresserai d'anéantir, en ayant l'honneur, lors de mon premier voyage à Paris, de me transporter chez vous, pour vous assuser de vive voix du respect et de la reconnoissance avec lesquels je suis,

MONSIEUR,

Votre très-humble et très-obéissant serviteur,

GOUPY.

Paris, le 1er mars 1792.

www.ingramcontent.com/pod-product-compliance
Ingram Content Group UK Ltd.
Pitfield, Milton Keynes, MK11 3LW, UK
UKHW020320180726
13839UKWH00001B/500

9 782329 579146